나방

유선혜

모텔과 나방

유선혜

PIN
056

차례

1부

없는 것들의 목록	11
노바디 노바디 벗 유	14
부적응기	20
교사용 도서	24
너의 천재적인 결핍과 최초의 우울	28
Toxic	32
괴도와 신사	38
준법 소년	42

2부

모텔과 나방	49
모텔과 인간	54
모텔과 리모컨	58
모텔과 변기	62

모텔과 거울 66

모텔과 냉장고 70

나방인간 74

3부

영원한 품을 찾아서 81

동물에 관한 다큐멘터리 84

취약하고 동그란 믿음 92

반사광 96

세계문학과 레모네이드 100

바란 적 없는 행운 104

여러해살이 식물 110

비어 있는 채널 114

폭로 이후 120

4부

악천후의 근본적인 원인	125
인간의 몫	130
Hold'em	136
가챠 갸루	140
마음 챙김 명상	146
그분이 존재한다는 열두 번째 증거	150
복약지도문	154
오로지 방을 위한 방	160
에세이 : 겉도는 물음들	165
작품해설 : 사랑에 빠지기엔 아직 일러	179

PIN
056

모텔과 나방

유선혜
시

1부

없는 것들의 목록

빈 종이가 보인다.

이 방에 없는 것들의 목록을 적자. 나방인간은 종이가 가득 찰 것이라 생각한다. 방에는 남은 것이 거의 없으므로. 나방인간은 방에 남아 있으므로. 종이에는 거의 모든 것을 적을 수 있다. 거의 모든 것의 목록은 무한하다. 나방인간을 제외한 모든 것에 대해 쓸 수 있는 방. 그건 자유로운 일이지.

자신에 대해 쓰지 않기.
완전한 자유네. 완전한 쓰기지.

나방인간은 쓴다.

다시 해보려는 마음

힘, 몸과 마음의 움직임, 일어나기
자장가, 사람 사이의 적당한 경계, 안전한 품
건실한 계획, 은근하거나 노골적인 희망
정교한 복선과 안정적인 플롯, 숱한 응시
여운, 히로인
합리적인 자기객관화와 병리적인 자아분리감
절묘한 균형
신뢰할 수 없는 서술자 혹은 유기적인 화자
감동, 천연의 빛
비누 향기, 유기농의 연애
투명한 입김
인간……

인간?
방 밖에 나를 기다리는 인간이 있었던 것 같다.

문밖으로 손을 잡아끌던 인간의 뒤에서
빛이

쏟아졌던 것도 같다.

눈이 부시면 숨고 싶다. 나방인간은 종이를 뒤집는다. 숨고 싶어. 여기 없는 모든 것들의 목록이, 내 삶에서 퇴장한, 모든 사람과, 보고 싶은 마음과, 죽이고 싶은 마음, 퍼지는 잉크 자국이, 뒷장에 비친다.

나방인간은 종이에 자신의 이름을 적는다.
이 목록은 완벽한 실패군. 나방인간은 방 안에 있으므로. 나방인간은 나방인간에 관한 생각을 멈출 수 없으므로. 그날부터 나방인간은 한 문장도 쓰지 않는다.

노바디 노바디 벗 유

그해에는 국보가 불탔다.

9시 뉴스에서는 거대하고 낡은 목조 건축물이 무너지는 영상만이 반복해서 재생되었다. 영어 선생님은 관사에 대해 설명하는 중이었다.

*어, 언, 더, 디
모국어에는 없는
어, 언, 더, 디……*

불을 지르고 싶어. 검붉은 저화질 영상이 서서히 머릿속에서 재생된다. 초록색 칠판이 그을린 나무 판자가 되어 바닥으로 툭, 하고 떨어지는 장면이. 흘려 쓴 한자가 새겨진 현판이 그랬듯이. 느리게 되감기는 비디오처럼 재 가루가 흩어지고 화재경보기의 버튼을 누르고 싶어. 교실을 태워버리고 싶은 건 아니었다. 이곳에서 모두 대피해야 한다고 생각했을 뿐이야. 단지 고개를 들고, 의자를 밀치고, 책상을 넘어뜨리고, 유리창을 깨부수고, 떠나야 한다고

그해에는 노바디라는 노래가 유행했다.
노바디 노바디 벗 유
영어 선생님은 토막 난 단어들을 해석하지 않고는 견딜 수 없는 것처럼 굴었다.
아무도 아무도 그러나 당신……

나는 끔찍한 상상만으로도 교실의 공기를 견딜 수 있는 것처럼 굴었고.

단지 불을 지르고 싶었다.

어떤 세계에서 나는 광폭한 왕의 대리인이었다.
망상의 나라에서는 모두가 바닥을 보고 걸었다. 그게 내가 만든 법이었다. 그곳은 불 쇼가 열리는 서커스장이 아니었고, 불꽃은 장난이나 오락거리가 아니었지. 약에 취한 독재자처럼 커다란 성곽을 따라 번지는 불길처럼 들짐승이 옮긴 역병처럼 걷잡을 수 없는 붕괴처럼 차라리 화재경보기가 울리지 않아 전소된 지하의 노래방처럼 방음이 아주 잘되는 고문실처럼

애들아.
여기 캠프파이어 하러 온 거 아니잖아.
엄마 아빠 죽는 이야기 듣고 질질 울러 온 거 아

니잖아.

 텅 빈 왕국에서 아이들을 모두 쫓아내고 싶다.

 상상하는 것만으로도 죄를 짓게 될까?
 나는 유순한 아이였다. 고개를 숙이고 판서를 받아 적고 망쳐버린 필기 노트는 찢어버리고 질문에는 속엣말로 꼬박꼬박 대답하는 선하고 얌전한 아이. 정말이지 성실한 인간이었어. 선생의 말을 끊고 화장실에 가고 싶다고 손을 들지 못하는 인간. 이 수업을 방해하지 않으려는 인간. 터지기 직전까지 버티는 인간. 참는 인간.

 나는 불을 지르지 않지. 그러므로 아무도 아무도 상처입히지 않아. 죽이지 않아. 아무도 아무도……

그러나 내 머릿속이 불타는 걸 방관하는 당신은?

 어떤 후렴구는 해석하지 않아도 괜찮다는 걸 당신이 더 일찍 알려주길 바랐지. 어떤 선생의 말은 귀담아들을 필요 없다는 걸, 불을 지르는 대신 그냥 교실 밖으로 걸어 나가면 된다는 걸. 이미 늦었다. 상상으로 세운 거대한 성에 기름을 붓는다. 성냥을 던진다. 번지고, 터지고, 무너진다.

 그러나 당신,
 이 방화의 유일한 목격자
 어나 언이 아니라 디와 더인 당신은
 나를 고발하게 될까?
 도대체 무슨 죄목으로?

부적응기

  이유 없이 따돌림당하는 아이는 없다
  그런 말에도 일리가 있다고 생각하는 편이었다
  나는 늘 당하는 쪽이었고 나에게는 분명 문제가 많았으니

  체육관 화장실 가장 안쪽 칸에서만 나는 나였다 동급생의 사물함에서 훔친 노트를 펼쳤다 아이들이 돌려 쓰던 일기장이었다 처음부터 끝까지 넘겨 본 후 모든 페이지를 잘게 찢어 낡은 좌변기에 넣고 물을 내렸다 지금은 범죄자가 된 보이그룹의 멤버 이름과 욕설과 인기가 많던 아이에 대한 소문과 외설스러운 낙서가 벽을 채우고 있었다 옆 칸의 문이 열리는 소리가 들렸다 종이는 물속에서 빙글빙글 돌아가다 멈췄다 변기가 막힌 것 같았다 물이 계속해서 차오르다 넘쳐흘렀다

그리고 아무 일도 일어나지 않았다
아이들은 점심시간마다 먼지를 날리며 운동장을 돌았다 일기장을 찾는 아이는 없었고 이미 새로운 노트를 샀는지도 몰랐다 나는 교실에 남아 꼬인 이어폰 줄을 겨우 풀고 MP3의 재생 버튼을 눌렀다.

가끔은 내가 가상 세계의 캐릭터라고 생각했다
아이들은 내가 없는 것처럼 굴었기 때문에

정해진 대사를 반복하는 스킬 마스터의 퀘스트인지도, 조잡한 기계음으로 노래하는 홀로그램 아이돌인지도, 명탐정도 해석하지 못한 천재 해커의 암호문인지도, 목숨을 건 항해를 부추기는 전설 속의 보물인지도, 나는 차라리 두개골이 열린 과학실

의 인체모형과 나를 동류라고 생각하는 편이었고

 아이들은 아마 나의 이런 면을 싫어했던 것 같다 분명 일리가 있는 생각이었다

 소실되는 여자아이의 비명처럼 여자아이가 추락하는 용광로처럼 히라가나와 가타카나로 덧칠된 음침한 멜로디처럼 말도 나눠본 적 없는 아이들의 얼굴이 영원히 내 삶의 언저리를 빙빙 돌며 역류한다
 변기 위에 쪼그리고 앉아 읽은 비밀 일기에 내 욕은 없었다 나는 아직도 물이 내려가는 소리를 듣는다

교사용 도서

 어제 사서 선생님 없더라 도서관에 아무도 없었어 그래서 몰래 프랑스 소설 읽었다 선생님 임신했대 그래? 새 선생님 다음 주에 온대 소설이 살인이랑 불륜 빼면 남는 게 없던데 900번대 서가 뒤에 교사용 도서? 거기 잔인한 거 야한 거 완전 많다 원래 인생은 사랑이랑 증오 빼면 시체래 그래도 좀 적당히 하면 안 돼? 꼭 사랑하면 죽이고 증오하면 뺏어야 돼? 반대 아니야? 하여간 어른들이란 인간들 아니고? 유령이 아주 많이 나오는 소설도 있었다 영국 소설이야 유령은 귀신이랑 뭐가 다르지? 팬텀이랑 고스트 아니야? 고스트가 유령이고 팬텀이 귀신이야? 반대 아니야? 그게 중요해? 둘 다 없는 건 마찬가지잖아 나 걔네들 꿈 대신 이뤄주고 싶었다 걔네 없다니까 사랑해도 키스 못 하고 섹스 못 하고 죽고 싶은데 이미 죽었고 죽이고 싶어도 찌를 옆

구리도 칼을 쥘 손바닥도 없다 걔들 꿈이 뭔데? 걔들은 학교 다니고 싶어 했어 유령들이? 그래 고스트 스쿨 팬텀 스쿨 아니야? 아니야 귀신은 눈에 보이고 유령은 투명한 거야 유령은 인간 눈으로 볼 수 없대 아니야 귀신도 없는 거라니까 근데 너는 이미 학교 다니잖아 선생님은 아기 언제 낳는대? 몰라 엄마가 아기 낳으면 인생 끝이라던데 그럼 너네 엄마 인생 끝났어? 모르지 유령인가 보지 귀신 아니고? 귀신은 눈에 보인다면서 너네 엄마 보이잖아 너 우리 엄마 본 적 있어? 아니 유령들이 학교는 왜 다니고 싶대? 인간들이랑 친구 하고 싶다고 했어 교사용 도서 맞아? 좀 유치한데 아니야 유령들 끝까지 아무것도 못 해 400쪽 내내 자살 이야기만 한다 우정도 살인도 사랑도 증오도 섹스도 불륜도 없는 우중충한 이야기야 투명한 이야기네 그럼 시체랑 뭐가 다르지? 꿈을 꾸니까 아무래도? 원하니까? 근데 나 사실 도서부 하고 싶었던 적 없다 그러면? 사실 이런 모습이 되기를 바란 적 없어 어떤 모습? 너 아직 아무것도 안 됐잖아

너의 천재적인 결핍과 최초의 우울

그러니까, 넌 내가 행복해지길 바라지 않는 거지?

마지막 페이지에 쓰여 있던 너의 질문을 끝으로
나는 공책을 넘겨줄 사람을 찾지 못했어

우리가 교환했던 공책에는 일기라고 하기에는 지나치게 감상적이고 소설이라고 하기에는 너절하고 편지라고 하기에도 애매한 글이 가득 적혀 있었다

유리에 머리를 부딪혀 자살한 새가
그토록 꿈꾸던 지옥의 온도
엄마에게 뺨을 맞을 때
낡은 라디오에서 흐르던 노래의 가사
컵 안에서 터져버린 캐모마일 티백의
잔해와 종말의 맛 같은 것

진지할수록 조잡하고 유치해지는 단어들
우리는 그걸 모두 시라고 불렀는데

너는 밀려오는 우울이 무섭다고, 그렇지만 우울
하지 않으면 글을 쓰지 못하게 될까 봐 더 무섭다고
자주 울었고

괜찮아,
제정신으로도 문학을 할 수 있다는 거
우리가 꼭 보여주자

뭐 이런 말을 건네면서 속으로는 너를 비웃었지

너는 평생 우울을 팔아서 시를 써

빛과 유령, 이런 예쁘고 무해한 낱말 몇 개를 이어 붙이고 그 뒤에 적당히 추상적이고 거대한 관념어를 넣어. 가령 자살이나 파멸, 심연같이. 네가 좋아하는 어두운 단어들 말이야. 그게 네가 시를 지어내는 방식 아니야?

……아니야
나는 너의 행복을 빈단 말이야, 라고 답장을 보내지는 못했다

사실 너의 시를 읽을 때마다 공책을 덮고 울었는데
네가 시를 쓰는 방식 같은 거, 제정신으로는 하나도 알 수 없었어
네 글을 읽고 싶다는 이유만으로 네가 미치기를 바랐지

너의 천재적인 결핍을 누구보다 사랑한 사람이 나라는 걸,
너의 우울을 읽는 최초의 독자이고 싶었다는 걸,

네가 어떻게 알아챘을까?

Toxic

아무도 먹어본 적 없는 버섯을 발견한 저녁

그날은 학교 뒷산으로 올라간 날이었어
고개를 숙이고 후문으로 학교를 빠져나왔다

학교 뒤에는 정비소와 타이어 가게, 무엇을 만드는지 모르는 공장이 있었어 세단이 아닌 차들이 지나다녔고, 남자들이 믹스커피가 담긴 종이컵을 들고 한 손으로 담배를 피웠지 유독한 고무 냄새가 났고

뒷산에는 산책로가 없었어 난간도 계단도 길이라고 부를 만한 어떤 흔적도 들개 조심, 이라고 쓰인 팻말이 보였고

발톱에 찢겨 죽어도 달라질 것은 없다고 생각했지

땅을 짚고 산길을 올랐다. 숨이 찼고, 종아리는 잡초에 긁혀 살갗이 부풀어 올랐어. 해가 지기 직전이었고

숨을 고르며 무릎을 짚고 허리를 숙였을 때
버섯이 있었어

나는 알 수 있었다
그건 내가 세계 최초로 발견한 것, 식물도감을 처음부터 끝까지 뒤져도 찾을 수 없는 버섯이라는 걸, 그건 아무도 먹어본 적이 없는 버섯이었던 거야
나는 단번에 알 수 있었다 명확하고 분명하게
동족을 알아보는 능력은 생존을 위해선 필수였으니까

그날도 아이들은 내게 말을 걸지 않았어
나를 괴롭히지도 않았지 그건 확실히 폭력은 아니었어
아이들도 자기들 편을 귀신같이 알아챘거든

혀를 축 내밀고, 헥헥대며, 이빨에서 침이 떨어지고,
인간이 비춘 손전등을 바라볼 때의 시뻘건 동공
떼를 지어 쏘다니는 들개, 기가 막히게 아군과 적을 구별하는, 들개의 무리……

나는 쉬는 시간마다 엎드려 자는 척을 했고, 몇 번인가는 진짜 잠이 들었지
다이너마이트가 건물들을 무너뜨리는 굉음은 생일을 축하하는 폭죽 소리 같았는데 그건 아이들이

칠판에 낙서를 하다 분필이 부러지는 소리였고 내가 놀라서 고개를 들자 아이들은 급히 칠판을 지웠다 그때 내 안에서 무언가가, 순수한 악의처럼, 극소량의 화학약품 같은, 어떤 물질이 고요하게 합성되는 것을 느낄 수 있었지

  나는 버섯을 뜯어 후드티 안에 품고 학교로 돌아왔어
  교무실 제일 안쪽 주임 선생님의 책상 서랍에는 열쇠 더미가 있었고 모범생이었던 나는 서랍의 비밀번호를 알고 있었거든

  열쇠를 여덟 개 정도 꽂아본 뒤 급식실 문을 열었어
  급식실에서 나올 때 두 손은 뭉개진 버섯의 즙으

로 범벅이 되어 있었다

   정문으로 나오면 내가 사는 아파트 단지가 보였어
   얼마 전에는 재개발이 결정되었고 건설 회사에서 보낸 플랜카드가 나무 사이마다 걸려 있었다
   그건 건물들이 터지고 무너지고 쓰러진 후 모든 게 새로 태어난다는 뜻이었다
   물론 10년이 넘게 걸리는 일이었지만
   생일처럼, 축하해야 하는 결정이었고

   다음 날 몇몇 아이들이 배를 붙잡고 쓰러졌다는 소식을 들었어
   급식 시간이 지난 5교시쯤의 일이었고
   나는 그것이 독버섯이었다는 걸 알게 되어 기뻤다

괴도와 신사

 당신의 부고를 들었습니다. 나는 탐정보다는 도둑이 되고 싶은 아이였고 당시에는 그 사실을 자랑스럽게 여겼기 때문에 어쩌면 당신의 죽음을 제가 알게 되는 것은 당연한 일이겠지요. 아니요. 그것은 제가 알아야만 하는 일이었습니다.

 같은 반 아이들이 팀을 나눠 피구 게임을 하면 나는 가장 먼저 탈락하여 운동장 멀리까지 굴러간 공을 주워 오는 역할을 맡는 아이였습니다. 나에게는 공을 피할 의지가 없었고 네모 칸의 금 바깥으로 밀려나 그늘진 구석 벤치에서 당신이 나오는 소설을 마저 읽고 싶었습니다.

 당신은 막 교도소의 일인실에서 탈출하는 데에 성공한 참이었습니다. 그곳을 탈출한 사람은 당신이 처음이자 마지막이었고 흑백의 매끄러운 연미복과 외안경을 걸친 당신은 외로운 귀부인 앞에 나타났지요. 그때 당신의 얼굴은 탁월한 변장술로 전혀 다른 이의 모습을 하고 있었고 화려한 언변과 완벽한 속임수로 모든 사람이 한눈을 파는 동안 무언가를 훔쳐 나왔죠. 무언가, 무언가를 훔쳐 나왔다고요. 당신의 이름이 적힌 카드가 당신이 사라진 자리에……

 야! 선생님이 너 얼른 오래!

 아이들이 나를 찾는 순간마다 모두가 내 이름도 얼굴도 잊어버렸으면 했고 알파벳의 순서를 뒤바꿔 만든 수많은 이명을 가진 당신을 떠올렸습니다. 당신처럼 얼굴을 갈아치울 수 있었다면 나는 이 모험

소설의 결말을 반전을 트릭을

 죄다 알 수 있었을 텐데

 당신이 훔친 것이 무엇인지 기억나지는 않습니다. 당신은 거의 모든 것을 훔칠 수 있었고 그렇기에 훔친 것이 무엇인지는 별로 중요하지 않았으며 훔친다는 사실 자체가 중요하기 때문이었습니다. 그들에게서 무언가, 무언가를 빼앗았다는 것이요.

 그동안 나는
 편의점에서 훔친 풍선껌을 받고
 떨떠름한 표정을 짓는 친구들과
 너 이거 어디서 났어?
 문구점에서 챙겨 나온 연필깎이를 보고

사납게 굳은 엄마의 얼굴을
외웠다.

　당신의 소문이 종종 들렸습니다. 당신은 훔치는 일 이외의 모든 것을 서서히 잊어갔다고요. 원래의 얼굴도 원래의 이름도…… 타인이 점유하는 재물을 절취하는 일은 절도죄에 해당하며 범죄를 저지르는 것은 확실히 부끄러운 일입니다. 나는 알게 되었죠. 그 사이에 무언가, 무언가를 잊어버리면서, 원초적인 동경이나…… 당신의 존재…… 악당에 대한…… 본능…… 나는 상식을 배웠던 것입니다. 그리하여 오랜 시간이 지나서야 당신이 죽었다는 소식을 들은 것이지요. 당신이 더 이상 훔칠 것이 없어 스스로 목숨을 끊었다는 것을 직감했습니다. 나에게도 더 이상 훔치고 싶은 무언가가 없었으니까요.

준법 소년

내가 미치도록 원했던 건
정품이 아니라
불법 복제 게임 칩

하나의 소프트웨어로 존재하는 모든 게임을 실행할 수 있는
전지전능한 게임 칩

저작권법을 준수하는 어린이였던 나는 단 하나의 게임만을 가질 수 있었다
 스타팅 라인에 서면 괴물을 한 마리 골라야 했지
 적의 목을 베고 이세계의 챔피언이 되기까지의
 지루한 여정 동안
 나를 졸졸 따라다닐 괴물을 말이야

가장 마음에 들었던 건 곤충 타입의 몬스터였다
곤충 몬스터의 스킬에는
파멸의 멜로디라는 멋진 이름이 붙어 있었지만
솔직히 달갑게 듣기는 힘든 기계음이었지

나중에 알게 되었다
그것이 셋 중에 가장 키우기 까다롭고 약한 놈이
었다는 사실을

질 때마다
리셋 버튼을 누르고 싶었어

작은 주머니 속에 강제로 빨려 들어가
기절해 있는
픽셀과 데이터로 이루어진 생물들을

혼내고 키우고 먹이고 훈육하고 때리고 부화시키고 싶었다
무한히 무한히

게임 칩 대신 선물받은 청소년 과학 만화에는 파브르 아저씨가 나왔다 곤충은 손가락의 체온에도 화상을 입었으므로 파브르 아저씨는 핀셋으로 날개를 집었다

곤충을 소중하게 여기기 때문이었다

물에 빠져 허우적대는 나비를 구경하는 일이 게임보다 즐거울 때도 있었다 양 날개를 억지로 펼치고 가루가 묻어 나오는 몸통을 만지작댔다 나는 그걸 파브르 놀이라고 불렀다

파브르 아저씨의 성냥갑 안에는
무수히 많은 곤충들이 가지런히 누워 있었다
그곳이 죽은 곤충의 관에 가까웠는지 생매장을 위한 시멘트 통에 가까웠는지는 알 수 없다
파브르는 그것들을 해부할 때 즐거웠을 것이다

이제 게임기 액정은 켜지지 않는다
나는 챔피언이 되지 못했다

아직까지도
나비 괴물은 화상 입은 날개를 끌고 내 뒤를 졸졸 따라다닌다
무한히 복제되던 내 삶의 실패들처럼

미안해, 미안해……

내가 진짜로 원했던 건
리셋 버튼이야
끝없이 스타팅 라인으로 되돌아가는
전지전능한 편법 말이야

 곤충을 죽이는 일은 불법이 아니다
 나는 파브르 아저씨가 나쁜 사람이라고 생각하
지 않는다

2부

모텔과 나방

왜 모든 행위가 끝나야 알게 되는 걸까
적극적으로 망가지는 쪽을 향할 땐 이런 게 아름답다는 생각이 든다

더는 손쓸 수 없는 지경이네요
이런 말을 들을 때쯤 찾아오는 느린 통증처럼
폐를 가득 채운 오염된 세포들과
그제야 떠오르는 담뱃갑의 경고 문구처럼

이 건물은 방으로 가득 차 있다

그 사람은 나갔다 완전히 꺼지지 않은 담배꽁초에서 연기가 퍼지고 좁은 창문을 열자 방충망과 창틀 사이에 죽은 나방이 수북이 쌓여 있었다

체모, 알코올, 숨, 이산화탄소, 가래, 체액, 신음 혹은 괴성

나방이 빛에 다가가는 이유는 정확히 밝혀지지 않았다

이 건물은 지금 사람이 뱉은 숨으로 가득 차 있어

인간들은 맞기를 원하고 취하기를 원하고 비틀거리기를 원하고 잊기를 원하고 헐떡이기를 원하고 울기를 원하고 기절하기를 원하는 것 같아

나방은 대부분의 종이 야행성이므로 주행의 방향을 달빛에 의존하여 결정하는 것으로 알려져 있다

빛을 등지기
나방의 규칙

어쩌면 이런 걸 원했던 게 아닌지도 몰라
너무 밝은 빛은 구원이 아니라 공해의 형태를 하고

그러니까 위아래를 구분할 수가 없는 거잖아
손가락을 만지작거린다거나 어깨를 맞대고 번화가를 하염없이 걷다가 어딘가로 가지 않을래 이런 물음을 기다린다거나 낯선 문신을 발견한다거나 머리카락 사이에서 일그러지는 미간을 쓰다듬는다거나 그런 일련의 사건들을
나는 원한 적이 없었던 건지도 몰라

전방위로 밀려오는 인공의 빛은 차라리 탁하지
나방이 백열등을 사랑한 적 없는 것처럼
불로 투신하기

그거 말이야
자살이 아니라 타살이었던 것처럼

인간들은 사라지기를 원하지 않고 조각나기를 원하지 않고 아프기를 원하지 않고 떠나기를 원하지 않고 잊히기를 원하지 않고 찢어지거나 타오르기를 원하지 않고

그냥
살아가기를 원하는 것 같아

창틀과 잘 맞지 않는 창문을 억지로 닫자 나방들의 몸통이 부서지고 으스러진 날개가 방충망에 끼어 바스락거린다

빛을 등지기
서로가 서로에게
완벽한 무의미로 남기

그러니까 나는 그냥 살고 싶었던 것 같아

원한 적이 없다고 해도 인간은 인간에게 흔적을 남긴다 담배 냄새, 중독, 청춘, 금전적 이익, 가족, 생명, 현기증, 환희, 목을 조른 자국, 영원한 꿈, 미래, 인유두종바이러스

모텔과 인간

 방에는 성행위에 필요한 모든 것이 있었고 그 외에는 아무것도 없었다.

 나는 이불 속에 있었고
 표백제와 건전지 냄새가 났다. 어느 정도는 여사인 기분이 들었는데 그 사람이 나를 만지던 순간에는 거의 여자였을지도 몰라.

 거의 인간이었을지도 모르지.
 어쨌거나 그는 완벽히 인간이었다. 그 사실을 깨달았을 때 방에서 나가고 싶었지만 먼저 나간 것은 그 사람이었고

 나방의 날개가 벽에 부딪혀 타닥댔다. 이 방의 창문은 아주 작았고 방충망도 붙어 있었으나 나방

은 틈을 비집고 이곳에 도착했으며 벽에 날개를 문지르는 소리는 형광등이 미친 듯이 깜빡이는 소리와 비슷했다.

인간은 다른 종의 이목구비를 구별하지 못하기에 나방의 표정을 읽을 수 없는 것처럼 그가 나에게 흐릿한 인상 혹은 전형적인 몸짓으로 남기를 바랐는데

그의 다리에서 모기 물린 자국이 보였다. 상사의 무능력 후배의 실수 위장에서 녹고 있는 점심 메뉴로서의 수제 햄버거와 감자튀김 인생 영화에 대한 한 줄 평과 최근에 읽은 기사를 통해 촉발된 정치적 의견을

들었고 거기까지는 그럭저럭 괜찮았지만
유년의 상처와 내면의 불완전함에 대해
그를 완벽한 인간으로 만들어주는
지나치게 인간적인 것들에 대해 그가 이야기하기 시작했을 때
 나는 협탁을 더듬으며 각 휴지를 찾고 있었고 방을 가득 채운 냄새를 견디기 힘들었다.

 그가 불을 켜자 나는 그 사람의 몸을 명확히 식별할 수 있었고 우리가 같은 종이라는 사실이 다소 절망스러웠으며 이 방에는 남성과 여성 외에는 아무것도 없었는데
 나는 진심으로 그에게 인권도 자유도 양심도 사상도 없기를 바랐지만

그가 나방을 내쫓기 위해 흔드는 손과 보송보송 털이 난 나방의 몸통과 털 없이 매끈한 엄지발가락과 나방의 날개에서 떨어지는 탁한 가루와 그의 턱 끝에서 떨어지던 땀과 그의 아주 구체적인 몸짓이
　인간에게서
　인간이라서 떨어지는 미세한 가루 같아서
　기침이 나올 것 같았고

그 사람은 유행하는 드라마를 보자고 했다. 나는 돌아누웠는데 그가 샤워를 마치고 방에서 나갈 때까지 인권과 자유와 양심과 사랑을 방치하는 마음으로 그렇게 있었다.

모텔과 리모컨

 리모컨으로는 이 방의 모든 것을 조종할 수 있었고 그 외에는 아무것도 할 수 없었다.

 나는 이불 속에 있었고
 손가락을 움직여 전체 등과 세 개의 부분 등을 차례대로 껐다가 켰고 동영상 스트리밍 서비스와 최신 영화의 장르별 목록도 죄다 눌러보았다.

 그 사람이 보자고 했던 드라마는 누군가에 의해 3화까지 시청된 기록이 있었고 리모컨을 내려놓자 예고편이 자동으로 재생되었다.
 확실히 그 드라마가 주는 느낌은 나쁘지 않았다.
 그 사람과의 행위도 나쁜 느낌은 아니었어.
 그건 완전한 합의에 의해 순조롭게 진행된 사건이었지.

그런데 나는 언제부터 인간이었을까?

이 방에 체크인을 하던 순간부터 혹은 불을 끄고 속옷을 벗은 순간부터? 아니면 그 사람이 나를 만지고 내가 복수라도 하듯이 그 사람의 성기를 쥐던 시점부터?

새로운 인간을 탄생시킬 수 있는 어떤 가능성을 가진 행위에 열중하던 그 와중에 나방이 방 안을 날아다니고 무언가가 분출되고 분열하는 것 같았던

8할 정도 여자였던 그 모든 순간으로부터?

나방은 약 18만 종이 있고 날개의 길이는 4밀리미터에서 140밀리미터에 이르기까지 다양하며 난형의 알을 뚫고 나와 유충과 번데기의 시기를 거쳐 성충이 된다. 드라마가 한 화의 끝에서 10초 후 다

음 화로 넘어가는 것처럼 알이 나방으로 변하는 과정은 미끄러운 경사면과 같아 칼같이 나누어지지 않는다.

  그의 다리는 가느다랗지 않아서
  핀을 꽂아 표본으로 만들 수 없고
  인간을 표본으로 만들어서도 안 되었다.

  내 옆에 누워 있던 것이 커다란 날개를 떠는 벌레였다면 그것을 안아줄 수 있었을 테고 이 방을 이용했던 사람들은 시청 기록을 남겼다. 이 방을 다시 방문하지 않을 것을 잘 알았기 때문에 금연 객실에서 담배를 피웠으며

  기침이 났다.

악취에 익숙해지는 것은 금방이라고 생각했는데
나는 적어도 느끼는 척하는 방법은 확실히 알았고
권리와 사상과 의무가 없는 척하는 법도 알았는데

나는 돌아누웠고 환기가 안 되는 창 밖에서 경적이 울렸고 옆방에서는 대답처럼 신음이 들렸으며 그 소리는 비명에 가까워서 확실히 연기는 아닌 것 같았다. 형광등이 타닥댔고 목에서 침 냄새가 났다. 씻기 위해 몸을 일으켰다.

모텔과 변기

화장실에는 대용량 샴푸와 보디 워시가 있었고 그다지 청결하다는 느낌은 아니었다. 나는 변기에 앉아 있었고

내가 여자라고 생각해도 될까?
아마도 인간이 되고 싶었던 것 같기는 한데
속고 있다는 느낌을 지울 수 없었다.

물을 내리자 변기가 막혔다는 사실을 알게 되었고 변기 안에서 휴지가 역류하며 콘돔이 함께 떠올랐다. 나는 변기 덮개를 내리고 샤워기를 틀었다. 곧 이 방을 나갈 것이었으므로 내가 해결해야 할 문제는 아니었다.

확실히 그 사람과의 행위는 문제가 아니었다.

이 방에서 일어난 일은 완전한 동의가 전제된 자연스러운 사건이었어. 합의에 이르기까지 그의 설득이 다소 많은 비중을 차지했던 것도 사실이었지만

욕조에 누워 수도를 틀고 온몸이 물에 잠길 때까지 그렇게 있었다. 수면이 높아지자 작은 나방의 사체가 수면 위를 떠다니고 있는 것이 보였다. 죽은 나방과 함께 반신욕을 하는 기분은 생각보다 나쁘지 않았고 만약 그 사람이 옆에 있었다면

투명하게 비치는 그의 나체를
자세를 고칠 때마다 출렁이는 물을
떠다니는 체모와
입을 다물지 않는 그의
목소리와

고개를 돌리지 않는 이상
마주할 수밖에 없는
가지런한 치열과 수염이 조금 올라온
하관과 목울대와 곧바로 이어지는 가슴과
그가 자랑스럽게 내보이던
매끄럽게 이어지는 어떤 인체 같은 것을
내가
견딜 수 있었을까?

  나는 욕조에서 일어났고 나방의 사체를 두 손으로 떠서 하수구로 흘려보냈다.
  변기 덮개를 열자 정액과 소변과 휴지 조각이 섞여 희뿌연 색을 띠는 물이 보였고 그것은 능숙하고 유쾌한 농담을 늘어놓던 그가 나에게 주는 인상과 같았다.

비닐 튜브에 담긴 일회용 여성청결제를 잡아 뜯으며

아무래도 나는 여자가 맞는 것 같다는 생각을 했고 보디 워시의 펌프를 눌렀지만 비누가 잘 나오지는 않았다.

속았다고 생각해도 될까?

내게 그럴 자격이 있을까?

샤워를 대강 마치고 변기의 물을 다시 내려보았다.

인간이 태어나는 곳과 배설기관이 나란히 붙어 있다는 사실이 신의 유머처럼 느껴졌는데 그건 부연 설명이 필요해서 완전히 실패한 유머였고 질과 항문은 사실 하나도 웃기지 않았다.

모텔과 거울

 방에는 재떨이가 있었고 이곳은 흡연이 금지되어 있었다.

 나는 젖은 머리를 말리고 싶었고
 긴 머리카락은 내가 여자라는 가설을 지지하는 중요한 증거 중 하나였다.

 누런 벽지에 부착된 헤어드라이어를 들자 스프링 같은 전선이 늘어났고 기계는 온도 조절이 잘 되지 않아 한곳을 계속 말리면 머리가 타들어갈 것 같았다.

 옆에는 전신 거울이 있었다. 그 사람은 자꾸만 그쪽으로 고개를 돌렸는데 행위에 열중하는 자신을 보고 싶었던 것일지도 모른다. 그러나 배우같이 몸을 흔드는 자신의 모습을 관찰하고자 하는 열망은 되려 그의 집중력을 흩트려놓았던 것인지 그는 혼자서 그 행위를 마무리해야 했다.

 확실히 그건 썩 아름다운 광경은 아니었지. 나는 두피가 경미한 화상을 입기 전에 머리를 말리는 행위를 끝내야 했고.

 속옷은 어디로 갔을까?
 적어도 팬티는 입은 채로 거울을 보고 싶다.
 인간은 나체의 노출에 수치심을 느끼고 성기를 가리는 유일한 포유류이기 때문이었다.

 이불을 걷자 침대 시트에서 갈색 얼룩이 보였다.
 그것은 작은 벌레가 눌려 죽은 자국이거나 핏자

국 혹은

  그 사람이 누워서 담배를 피우다 떨어뜨린 담뱃재 자국인지도 몰라.

  화상은 손상의 정도에 따라 1도에서 4도까지 구분되고 심한 경우 피부 전층과 신경 및 뼈 조직이 파괴된다. 이 방의 이불은 무거워서 덮으면 거대하고 검은 나방이 온몸을 누르는 것 같았고 이불에 담뱃재가 떨어지면 화상을 입은 나방이 날개를 파르르 떨 것 같았다.

  고개를 돌리자 나의 몸이 보였다. 배에 남은 바지 버클 자국이 웃겼고 그 사람의 농담이 나의 부유방 정도만이라도 재미있었다면
  그의 몸짓과 담배 연기를 견디며

다정하게 그 사람을 안아줄 수 있었을까?

나의 몸이 보였다.

이 방에 거울이 없었다면
나는
죽고 싶은 기분을 느끼지 않을 수 있었을까?

 갈색 얼룩을 자세히 관찰하기 위해 불을 켜려 했지만 리모컨은 건전지가 문제인지 작동하지 않았으며 관자놀이가 계속 화끈거렸다. 협탁 아래에서 속옷을 주워 전등의 스위치를 누르자 밝은 등불 밑에서

 성기를 가린 나를 볼 수 있었다.

모텔과 냉장고

이 방과 냉장고는 공통점이 많다.

온기가 없는 직사각형의 공간. 문을 열 수 있다. 문을 닫을 수 있다. 오래 머무를 수 없다. 넣을 수 있다. 들어올 수 있다. 나갈 수 있다. 뺄 수 있다. 남아 있는 것이 없다. 아무도.

냉장고를 열자 500밀리리터 생수 두 병이 있었다. 목이 탔다.

30분 전에 일어났던 그 사람과의 행위에서 만족한 사람은 없었지만 잘못을 저지른 사람도 없었다.

잠시 그 사람의 일부가 나의 내부로 삽입되었다 나가기를 반복했고 신체의 끄트머리에서 무언가 분출되었으며 다시 들어올 수도 나갈 수도 있었지. 그건 완전히 자유롭고 평등하게 이루어진 관계였어.

나는 단지 외로웠고, 누구나 그렇듯이.
 옆에 있어줄 사람을 원했지만 그 사람을 원한 것은 아니었을 뿐이고 그 사실을 뒤늦게 알아챈 그가 다소 경직된 표정으로 이 방에서 먼저 나갔을 뿐이야.

 그래, 나쁜 사람은 없었어.
 생수병은 뚜껑이 헛돌아 열리지 않았고 냉동실의 안쪽에는 곰팡이가 피어 있었다.
 어두운 얼룩이 오래도록 검게 썩어들어가는 동안 사람들은 숨을 고르며 문을 열고 돌리고 따고 마시고 그들의 목울대가 꿈틀거리고 문이 닫히고 이 방에서 나갔다.

이 방은 세계의 축소판 같다.
곧 나가야 한다는 점에서, 나가고 싶다는 점에서.
불량품의 일종인 내가 삶을 이어나갈 수 있도록 만들어주는 최소한의 것을 제공하는 동시에 나를 죽고 싶게 만든다는 점에서.

알고 보면 나쁜 사람은 없었지.
방 안에서 번개탄을 피우고 자살한 아저씨도
시체를 발견하고 발로 툭 건드려보는 무표정한 사장도
들러붙은 곰팡이를 성실히 문질러 닦지 않은 청소 직원도
이 방에서 급작스럽게 잉태된 누군가의 아이도.

나는 그 아이가 진정하고도 고결한 사랑의 결실이

었기를 빌어본다. 그렇지 않았다 해도 방은 아무런 잘못이 없다. 어떤 방식으로 죽음을 맞아도 원해도 곰팡이가 피어 썩어들어간다고 해도 방 안에서 일어난 사건은 오로지 머물렀던 것들의 책임이고

 나는 과육이 떠다니는 오렌지주스가 마시고 싶었는데. 가방 속에 넣은 두 병의 생수가 꼭 내가 낳은 아이 같았다.

나방인간

너는 모르지
내가 날개를 찢어 죽인 나방의 목록을
수천 페이지가 넘도록 이어지는 살육의 역사를

왜 누에나방은 귀엽고 크리토노토스 갠지스 나방은 혐오스러울까?

징그러운 모든 벌레가 해충인 것은 아니다
건전하고 이로운 모든 행위가 썩 달갑지는 않은 것처럼
엄마 안에서 지문이 부풀어 오를 때까지 손가락을 빨며 비명을 참는 자세는 5번 척추에 나쁘고 당신의 품에서 웅크리고 태몽을 꾸는 자세는 4번 척추에 나쁩니다

삶을 방치하는 마음으로 나를 내버려둔 시간 동안
방에서 알을 까던 초파리들에게
나는 감사했다
곁에 있어줘서…… 고마워요

그 방에서 일어났던 나와 나방의 이종교배와
끝도 없이 알을 찢고 나와 젖은 날개를 말리던
나방인간들을
너는 모르지

내가 낳은 나방인간들은
포르말린 속에 곤히 잠들어 있다
털이 난 손가락을 입에 물고

엄마, 엄마, 나 좀 살려줘, 응?

얘야, 네가 저지른 삶은 네가 치워야지

나는 네가 열어본 적 없는 변기에 살았다
위트 있게 역류하는
나의 밑바닥이

거울에 반사되던 몸이
나를 얼마나 죽고 싶게 만들었는지
너는 모르지?

방사통이 퍼진다
척추 사이의 디스크가
낡은 뼈 사이에서 고요히 잉태되어온 얼룩과 곰팡이가
꾸역꾸역 온몸의 구멍으로 밀려 나오려 할 때마다

나는 일기를 썼다

너는 죽어도 나를 모를 것
시린 사타구니와 감각이 없는 허벅지와 저릿한 발목을 모를 것
우리는 죽어도 같은 곳으로 가지는 않을 것 같은 동물로 태어나지 못할 것

망해버린 하루를 글자로 박제하는 것처럼
내 입에 락스를 붓는 심정으로
나는 나방을 죽였고

너는 나방인간이 아름답다고 했다
부드러운 날개를 말리고 더듬이를 알맞게 자르고 핀으로 몸통을 찔러 코르크에 고정하고 그리하

여 나비와 구분할 수 없는 나방들을
　가지런히 사후경직된 표본들을
　만든 사람이 누군지

　너는 모르니까

　나는 감사했다
　나를 견뎌줘서…… 고마워요

· # 3부

영원한 품을 찾아서*

　나는 너의 품 안에 있다 고개를 들면 서로의 속눈썹이 훤히 보이는 그곳에 안겨 있다 눈동자 위에서 파르르 떨리는 털이 날벌레의 다리 같다 하루 사는 너와 하루 죽는 나의 얼굴이 검은 화면에 비친다 징그럽다 침대맡의 노트북에서 실종된 배우의 마지막 작품이 재생된다 살아 있는 가수가 한 명도 없는 그 영화의 삽입곡 리스트는 구제불능의 밤과 잘 어울린다 너는 나의 품 안에 있다 너와 나는 서로의 품을 아주 잘 안다 막다른 품의 넓이 고약한 품의 색깔 구부정한 품의 길이 연약한 품의 냄새 힘껏 찡그리는 배우의 표정처럼 과장된 불행이 우리의 품 안에 있다 비관적인 결말이 철 지난 유행가를 흥얼거리며 우리 곁에 눕는다 온 세상을 구겨 넣을 수 있을 것 같은 13인치의 화면과 퀸 사이즈의 침대 우리는 직사각형들 속에 웅크린 채로 미동이 없고

사산된 미래가 고요히 잠든 얼굴로 우리의 품 안에 있다 우리라는 대명사와 아늑하다는 형용사는 어울리지 않는다 화면이 암전되고 낯선 언어로 쓰인 엔딩 크레디트가 올라간다 방 안의 공기가 어린 시체의 체온 같다 세기말의 주제가가 어긋난 음정으로 흐르기 시작한다 차갑고 조그만 아침이 우리의 품 안에 착상된다 너와 나는 곧 몸을 일으킨다 말라 죽은 화분에 물을 주러 떠난다

* 이 시는 규리의 데뷔 앨범 『유일한 무기를 찾아서』를 위해 쓰였다.

동물에 관한 다큐멘터리

 너는 코끼리를 찍으러 갔다
 느린 심장을 가졌으니까

 아침을 먹기로 결심하고 몸을 일으키면 이미 해가 지고 있었다 개수대에는 음식물이 말라붙은 일회용 플라스틱 용기들이 차곡차곡 쌓여 있었고 그곳에는 벌레들이 살았다 반나절 동안 설거지를 하고 나면
 너는 식사를 포기했다
 일인분의 삶을 지탱하기 위한
 알맞은 속도를

 너의 사람답지 않은 면이 좋아
 정확히 말하면 사람다워지지 않으려는 점이
 미치도록 좋아

어른 코끼리들이 강 가운데에 줄지어 서 있다 두터운 다리를 맞대고 댐을 만들어 물살을 막는다 2년 동안이나 엄마 코끼리의 뱃속에 있던 아기 코끼리가
　한순간에 휩쓸려가지 않도록

　마땅한 수순처럼
　너는 점점 죽어가는 사람처럼 보였고

　먼 미래나 먼 과거에 대한 이야기만 했다
　지금 여기에 네가 존재하지 않는 것처럼
　모든 영양소에 무관심한 눈빛으로

　너의 손가락 마디가 미처 다 자라지 않았을 무렵

엄마의 손에 이끌려 피아노 학원에 다녔고
 너는 피아노를 증오했다 타임머신을 발명해서 피아노를 만든 사람을 죽이고 돌아오는 상상을 자주 했고
 그보다 자주 돌아오고 싶지 않다는 생각을 했다

 시간 여행이 불가능한 이유가 엔트로피 때문이라는 사실을 이제는 알았지만 엔트로피가 무엇인지는 이해한 적이 없었고
 너에게 생존이란 대부분이 그런 식이었다

 체르니를 떼고 너는 동사무소 강당에서 열린 피아노 연주회 무대에 서 있었다
 손가락을 정확하고 빠르게 움직여야 했는데

악보의 두 번째 줄부터
음을 틀렸고

너는 벌떡 일어나서
꾸벅 인사를 했다

관객석에서는 웃음이 터졌고 너는 의자에 앉아 처음부터 다시 연주를 시작했다
시간을 되돌린 듯이

그때 네 앞의 검은색 그랜드피아노는 꼭 코끼리를 먹은 보아뱀 같아서
작은 손가락으로 꾹꾹
피아노 속 코끼리에게 말을 걸듯이 연주를 했다고

이건 내가 가장 좋아하는 너의 과거 이야기

너는 어른이 되면 남아프리카공화국에 갈 것이라고 말했다
다큐멘터리 감독의 모자 위에 새끼 하이에나가 매달린 사진을 보여주며 장래 희망을 발표하는 어린아이의 표정을 하고

우리는 이미 어른인데
낯선 나라로 떠날 돈과 시간이 없다는 게 그 증거였다

하이에나를 마주친다면 친구보다는 먹이가 될 확률이 높을 텐데
하이에나는 이미 죽은 것만 먹으니까

하이에나의 턱과 이빨은 코끼리의 뼈도 씹을 수 있으니까

코끼리의 심장은 아주 느리게 뛴다
1분에 스물다섯 번 뛴다
코끼리의 심장이 아주 커다랗기 때문

초음파를 통해 윤곽을 살필 수는 있지만
자신의 심장을 만질 방법은 없다
심장의 주인은 그저 심장의 속도를 느낄 뿐인데

너는 느리게 움직인다
그건 너의 슬픔이 아주 커다랗기 때문

너는 무거운 카메라를 어깨에 메고 강 한가운데

에 버티고 서 있다 급류에 떠밀려 오는 수풀에 허벅지가 긁혀 상처가 난다 나에게는 기다란 코가 없어서 균형을 잃은 너를 붙잡을 수가 없다 곧 쓸려 갈 것이다 아마 너라면 이만하면 되었다고 생각할 것 같다 피아노 속에 갇혀 있던 코끼리를 이미 만났으니

   너의 사람답지 않은 면이 이제 미치도록 미워

   제발 벌떡 일어나서 다시 인사를 해줘
   연주가 곧 시작될 것처럼

   나를 향해서, 너를 구경하던 인간들을 향해서
   죽도록 정확해서 잔인한
   엔트로피를 향해서

다큐멘터리의 마지막 화까지도 아기 코끼리가
무사히 강을 건너는 장면은 없었다

이건 내가 가장 미워하는 너의 미래 이야기

취약하고 동그란 믿음

개천을 따라 걸었다 개천은 끝나지 않았으므로

우리는 다른 단어가 같은 대상을 가리키는 일에 관해 이야기하고 있었는데 너는 두루미와 학이 사실은 같은 동물이라고 말했고 나는

조개껍데기와 진주는 사실 같은 성분으로 이루어져 있다고 대답하려다가
지나치게 의미심장한 비유 같다는 생각에 곧 그만두었어

손을 잡기 직전이었나?

너는 진부한 은유의 아름다움을 믿는 사람이었다
출처를 알 수 없는 확신과

낙관 같은 것을
나에게 주어도 괜찮은지

잡는 손과 잡히는 손이 있다
쉽게 구분되지는 않지만

내가 부드러워 보인다면 썩기 직전이기 때문이야
그런 식으로 움켜쥐면 문드러질 것
연약한 게 아니라 병든 것
핸드 워시로 문질러도 여전할 것
나는 그 비린내를 책임질 마음이 없다

손가락이 살 속을 파고든다는 느낌이었어 침입한다는 감각 나는 이물질로부터 자신을 지키려 동그란 덩어리를 만드는 심약한 조개를 떠올렸다 나는 작은 해양생물의 껍질을 억지로 벌리고 온몸을 헤집어 탄산칼슘으로 만들어진 덩어리를 토해내도록 만들고 나서야 그것이 아름답다는 사실을 알게 될 것이었다

    유분과 습기가 점액처럼 엉킨 두 손바닥은
    억지로 열지 말라는 듯이 달라붙어 있었고
    같은 단어가 전혀 다른 대상을 지시하는 경우까지 생각이 다다르자 무서워졌다

    아름다운 것을 아름다울 때 알아챌 수 있다면
    물과 빛
    산성과 열에 취약한
    동그란 미래가

부식되기 전에
믿어볼 수 있다면

손바닥의 틈을 억지로 벌려 끈적이는 손을 닦으려 할 때마다 너는
이해할 수 없는 맹신과 진부한 농담을 내게 줄 것 같다

개천에는 목이 길고 하얀 새가 선 채로 잠들어 있었다
덩어리를 헤집어 꺼낸 너의 표정이 궁금해서
붙잡은 손을 천천히 흔들며 앞으로, 앞으로……
계속 걸었다

반사광

 어두운 부분일수록 손이 많이 가는 법입니다. 가장 어두운 곳에 연필이 오래 머물러야 합니다. 미술 선생님은 말씀하셨고 나는 되도록 완벽한 구형을 그리려고 애썼습니다. 가장 어두운 곳은 어김없이 그림자가 시작되는 장소였어요.

 연필 한 자루로 빛과 어둠을 모두 베낄 수 있다는 것이 이상했습니다.

 힘만 잘 조절한다면, 잘 조절한다면.

 밝은 곳을 건드리지 않아야 밝은 곳을 밝게 내버려둘 수 있었습니다. 밝은 곳에 연필심이 닿지 않아야 밝은 곳이 밝게 남아 있다는 것이 이해가 되지 않았습니다.

그리지 않아야 그려지는 부분이라니?

 구가 바닥과 맞닿는 곳에는 바닥의 표면에서 반사된 아주 약간의 빛이, 연필로 쓰다듬을 수 있는 아주 조금의 밝음이 있었습니다. 나는 완벽히 알맞은 정도로 애매한 명도를 그려내고 싶었고 밝은 곳을 내버려둘 수 있다면, 내버려둔다면…… 땀이 밴 손으로 연필을 고쳐 쥐자 날카로운 선이 그어졌습니다. 주변을 연필로 문지르며 튀는 선을 숨기기 위해 애썼고 모든 사물은 구와 원기둥과 정사각형이 변형되어 만들어진다는 선생님의 말이 떠올랐습니다.

 나는 변형되지 않은 구를 본 적이 없습니다.

연필로 베낄 수 있는 것은 주로 어두운 부분이었지만 나는 그것을 잘 따라 할 수 있었고 또 그럴 수밖에 없는 내가 지겨웠습니다.

세계문학과 레모네이드

너는 외국 소설을 사랑한다
줄거리를 혐오하고 요약을 증오한다

너만 아는 문법으로 해석되는 문장과
어떤 사전을 뒤져도 도착할 수 없는 장면이 있어

너의 그곳과 나의 지금은
세계문학과 레모네이드만큼이나 관련이 없다
 페이지를 넘기는 너를 바라보며 나는 물방울이 맺힌 컵을 들어 올린다

 너는 소설에 등장하는 모든 인물의 내면과 갈등과 사건들을 설명하기 시작한다 아주 세심하고 느릿한 말투로
 몇 대에 걸친 가문의 비극과 저주받은 운명이 어

떻게 시작되었는지 연인들의 내밀한 속삭임 속에서 드러나는 계급 간의 갈등과 시대정신과 혁명과 역사의식을 늘어놓고

  얼음들이 레몬 조각과 몸을 부딪치며 자세를 고치면
  나는 등장인물들의 이름을 하나씩 잊어버린다
  익숙하지 않은 외국의 지명과 주인공이 키우는 늠름한 개의 별명을 외우려 하지만

  노력해도 안 되는 일들이 있어
  에어컨이 고장 난 한여름의 카페에서 느끼는 현기증과 얼음을 깨물지 못하도록 만드는 뒤통수의 통증처럼
  핍진성도 개연성도 없는

순간의 감각을
믿고 싶은데

서사 없는 사랑은 불가능한가?

레모네이드는 밍밍해지고
너는 주인공의 이름을 다시 말해준다
 투명한 컵 속에서 차가운 것들이 느슨하게 이마를 맞대고 너는 아주 천천히 입술을 오므렸다 펴며 낯선 이름들을 정확히 나열한다
 비약과 생략을 저주하는 너는 하나의 장면도 빠트리지 않으려 온 신경을 쏟는다 너의 설명은 이미 묘사에 가깝고 얼음이 녹아 갈라지는 소리가 선명하다 천천히 그러나 완벽하게 되살아나는 이국의 풍경 속에서 너는 이미 그 소설의 작가에 가깝고

조금만 더 느슨한 방식으로
네가 사랑하는 것들을 사랑하고 싶은데

너는 아주 친절하게 마지막 장면을 되풀이한다

네가 사랑하는 것은 우리가 아니라
우리의 서사라는 예감

그리고 펼쳐지는 미지근한 전개를 견디기 어렵다

바란 적 없는 행운

가진 적 없는 마음을 상상할 수 있을까

물감을 만져본 적 없는 아이가
노랑과 파랑이 섞일 때 천천히 생겨나는
초록의 생애를
이해할 수 있을까

나는 미래를 본 적 없지만
과학 상상화를 잘 그릴 수 있었다
 지나치게 미래적이어서 현대적이라고 불리는 고층 빌딩과 엉성한 자기부상열차 레일과 어딘가 익숙한 첨탑을 그려 넣고 세부 묘사와 명암 표현에 열중했다
 그림은 상상의 결과가 아니었다 내가 아는 가장 이질적인 것들을 조각조각 오린 뒤 억지로 이어 붙

이는 일에 가까웠다 미래란 그런 것이었으니까

   유니콘을 쓰다듬어본 사람은 아무도 없지만
   인간은 뿔과 말에 대해서라면 전문가였다

   도마뱀에 종이 날개를 붙이고 히잉 울게 하면
   뿔이 두 개인 사슴벌레의 이마에 사인펜으로 아가미를 그려 넣으면
   모든 것을 창조할 수 있는 신이 된 것 같았지

   나를 만져본 적 없는 사람이
   건방지고 오만하게 조립된 나의 우울을

   웅크린
   암컷을

이해할 수 있을까

나의 불행에 합당한 출처 따위는 없었다
최고급 전문가용 120색의 물감처럼 나의 모든 것이 과분한 행운이었다

과학 시간에는
모든 색이 섞이면 흰색이 된다고 배웠지만
그것은 빛에 관한 이야기였고
종이는 이미 완벽하게 하얬다

베껴 그릴 만한 사랑을 만난 적이 있나요?
모범이 되는 삶을 상상할 수 있나요?

물감들은 섞일수록

검은색이 되려고

탁해지려고

그림이 되지 않으려고 했다

 미술 시간에는 그릴 수 없던 짐승들을 적어 내려갔다 검정은 그림보다 글씨와 어울렸다 일광욕의 나른함을 꿈꾸는 거대 심해어 짧은 낮잠과 단꿈에 중독된 야행성 거미 초콜릿의 달콤함과 텁텁한 끝맛을 염원하는 해파리 품에 껴안고 싶던 갈퀴와 촉수가 달린 눈알과 반쯤 잘린 더듬이와 사라진 갈비뼈 비늘이 되어가는 발톱 이끼가 낀 아가미

 그건 결코 시라고 말할 수는 없었지만
 나는 시인이 되기를 바란 적 없었으므로 아무래

도 상관없는 일이었다

  나의 조잡한 과학 상상화는 대상을 받아 초등학교의 복도에 오래도록 걸려 있었다
  액자 속 포스트휴먼적인 비행접시와 메탈릭한 타워 안에는 사실 내가 만든 유전자조작 짐승들이 오순도순 살고 있었다
  아직 그런 미래는 오지 않았고

  누군가 그 괴생명체들을 천천히 복원하기 시작한다
  나는 그런 사랑을 바란 적 없다

여러해살이 식물

불가능한 사랑에 빠질 때마다
시든 꽃을 사자

직육면체의 오아시스로도 구제할 수 없는
순간의 생기와
손가락으로 누르면 갈색 흉터가 남는
창백한 꽃들이 필요해

갖고 싶은 인간이 생기면
오래도록 자라는 식물의 화분을 살래
그의 이름을 붙인 선인장도 좋겠지
물을 듬뿍 주고 싶어 하루도 빠짐없이

나는 꽃다발의 반대말을 화분이라고 이해한다
뿌리 내리는 일을 흙탕물에 잠겨 죽는 것이라 이

해한다

   다습은 식물이 죽는 가장 흔한 원인이니까

   나를 사랑하지 않는 인간에게
   아주 고전적인 선물을 쥐여주고 싶어
   꺼지면 차오르지 않는 속수무책을 고개 숙인 무기력을 수치심을 이유 모를 패배감을 선사하고 싶어

   꽃다발에는 정확히 하루를 버틸 만큼의 물주머니가 있다
   잘려 나간 체관도 제 기능을 하지
   얼마나 다행이니?

   가시는 원래 잎이었다고 해

동그란 잎이 선인장의 몸통에서 단단하게 쪼그라드는 동안
시들지 않는 사랑을 믿니?

여러해살이 식물이 여러 해를 살고 싶어 한다고 믿니?

네가 뭘 알아
사막을 떠난 선인장의 기분 같은 거

어떤 마음은 한번 박히면 살갗에서 잘 빠지지 않는다
인간에게는 금방 죽는 마음이
사치스러운 아름다움이 어울린다

비어 있는 채널

차를 몰아 여기까지 왔다

*라디오에서 흐르는 잡음이 어린 우주의 울음소
리라는 걸 알고 있니*

우리는 말이 없다
주파수를 잘못 맞춘 라디오에서 소음이 번진다
알맞은 목적지를 찾지 못한 채 하류로
하류로

저수지의 본래 목적은 물을 저장하는 것이지만
경우에 따라 낚시터, 휴식 공간 혹은
최적의 자살 장소로 사용될 수 있습니다
이런 설명은 근처 어디에도 적혀 있지 않지만

종종 수심이 낮아진 저수지 한가운데에서는
승용차가 발견된다

운전석에 앉아 두 손을 모은 시신
부패한
종말 같은 것들

물은 콘크리트 기둥에 비늘 그림자를 만든다
 갓 태어난 심장박동에 맞추어 희미하고 끈질기게 울던 어린 우주가 우리를 여기로 데리고 온 걸까 여기에 멈추게 한 걸까

 제발 그렇게 믿고 싶어

 새드 엔딩이 확실해지는 순간에는

꼭 영화관에서 뛰쳐나가고 싶지
결말이 미칠 듯이 궁금한 만화책은 완결이 나지 않고
어느 쪽이든 끝을 보지 못하는 건 마찬가지지만

침묵이 조금 더 복잡한 무늬를 그리며 퍼지고

물이 기둥에 만든 흔적은 어느 작곡가가 남긴 악보 같다
강에 잠겨 죽었다고 했지 끔찍하게 떨리던 음표의 꼬리와 멜로디 없는 가사를 중얼거리던 그를 상상해봐

게임 오버를 본능적으로 눈치챈 우리에게
이곳은 최적의 장소

밤의 저수지에서는 잘못 수신된 전파의 서툰 음정을 따라 부르고 싶지

우주가 태어나며 지른 저온의 비명을 상상해봐
혹은 작곡가의 차에 차오르던 물과 그의 기도로 흘러 들어가던 폐수의 리듬을
우리가 망친 운율을
둘이서는 맞추지 못한 메가헤르츠를

입을 떼자
빨려 들어갈 수밖에 없었겠구나, 하는 마음
여기에 우주배경복사라는 이름을 붙인 인간들은 절대로
이 간결한 절망에 대해 알지 못한다

언어 이전의 목소리는 모두 울음처럼 들리고
우리라는 말이 더듬더듬 우리를 우리로 만든다

끝이라고 쓰일 수밖에 없는 유일한 장면을 위해
우리는 여기까지 왔다
면허도 없이

그러니까
마음껏 울도록
우주를 내버려두기

폭로 이후

당신 잘 있나요? 미쳐가는 데에는 두 방향이 있다 했죠. 정신이 명료해지는 쪽과 흐릿해지는 쪽. 당신은 어느 쪽으로 가고 있나요? 여전히 중독자가 많이 나오는 영화를 즐겨 보나요? 이해하지 못한 문장을 필사하고 감상을 남기는 취미도 여전한가요? 매독에 걸려 말 대신 채찍을 맞던 사상가의 말로를 지금도 동경하나요? 폐차장에서 녹을 날을 기다리는 고철 덩어리와 따돌림당하는 모든 존재의 불행을 당신의 것으로 여기는 버릇은 그대로인가요? 잠을 청해보지도 않고 수돗물로 수면제를 삼키던 습관도 변함이 없겠죠? 죽을 때까지 함께하는 방식에는 두 가지가 있다고 해요. 영원히 속아주기와 영원히 저주하기. 당신은 매일 감사 일기를 쓰라고 했던 고등학교 문학 선생을 왜 오래도록 비웃어야 했을까요? 사실 그녀를 사랑했던 건 아니죠? 왜 그토록 증오하던 연애소설을 내가 잠든 사이 훔쳐 읽었나요? 왜 그 책들에 포스트잇을 빼곡히 붙이고 내 방의 초인종을 다시 눌렀나요? 헤엄치기를 멈추면 해파리가 아니게 되고 숨쉬기를 멈추면 사람이 아니게 된다고 했죠. 우울하기를 멈추면 당신이 아니게 될 거라는 확신도 여전한가요? 우리가 헤어진 이유는 당신의 주장처럼 피치 못할 사정 때문이었을까요? 어차피 모든 이별이란 이중 피동의 형태니까, 둘 다 상처입었으니까, 당신은 끝까지 고상했으니까, 불행했으니까, 당신의 오랜 말버릇처럼 나는 당신 없이 잘 먹고 잘 살 애였으니까? 당신이 숭배하던 세계를 손톱깎이보다 사소하게 여긴 나의 실수를 견딜 수 없었으니까? 당신, 미치지 않고 잘 있나요. 아직도 모든 게 나 때문인가요? 사실 나를 사랑했던 거 아니죠? 나는 자꾸만 당신을 용서해버릴 것 같아요. 당신이 그때 나를 안아준 유일한 사람이었기 때문일까요?

4부

악천후의 근본적인 원인

 비가 내리기 시작하면 우산을 잃어버렸다는 사실을 알게 된다 수십억 년 전 지구에는 그치지 않는 비가 내렸다 수만 년 동안 계속되는 빗속을 홀로 돌던 어린 지구를 생각한다

 우주가 거대한 흰 벽에 비춘 영상이라서
 달이 화면을 떠도는 환영이라면?
 지구는 영영 외로운 스텝과 턴을 계속하고
 혼자서 텅 빈 스크린을 응시해야 한다면?

 우산을 버스 의자에 두고 내린 것 같았다 낡고 투명한 우산은 창문과 의자 사이의 틈으로 떨어졌을 것이다 아주 주의 깊은 버스 기사가 아니라면 그것을 발견하지 못했을 테고 우산에게는 하차 벨을 누를 팔이 없다

종착역과 차고지 사이를 영원히 왕복하며
투명해질 수 없을 때까지 투명해지는 우산을 생각한다

아무도
아무도
벌벌 떠는 어린 지구에 우산을 씌워주지 않는다면?

지구는 영원한 장대비를 선고받고
우리는 평생토록 뿌연 창문을 바라보는 형벌에 처했다면?

아무리 맨몸으로 껴안으려 해도 우비를 벗을 수

없어서

   두 개의 몸 사이에서 영원히 비닐이 바스락거린다면?

영원히
영원히

비가 올까?

비가 내리는 이유를 설명하기 위해서는 그저 구름이 무거워졌다는 사실만으로도 충분하며 악천후의 근본적인 원인에 대해 해명하는 일은 불필요하다

   그치지 않을까? 장마와 비극과 사건과 참사와 사태와 이별과 재난과 사고와 종말과 위기와 일상은

그치지 않을까?

내가 잃어버린 우산은 저체온증에 걸려 의식을 잃은 아이 같다
그것을 껴안고 싶다 미끄러운 길 위에서 지구와 함께 탭댄스를 추고 싶다 넘어지고 싶다 복사뼈에 금이 가고 싶다 벌거벗은 인간이 고독사하지 않도록 달에 착륙한 애인의 발자국을 찾아 나서고 싶다 지구에 노란 우비를 입히고 싶다 몇억 광년을 넘어서야 외로운 행성에 도달할 무인 탐사선을 기다리고 싶다

인간의 몫

위스키가 숙성될 때 증발하는 원액을
천사의 몫이라고 부릅니다

 까다로운 칵테일을 주문한 뒤 바텐더가 술잔을 흔드는 동안 입술의 각질을 뜯었다 알코올이 구강을 스쳐 식도를 타고 내려갈 때의 선명함에 상처가 따끔대고 손이 덜덜 떨리면 그제야 기억이 났다
 내게도 몸이 있다는 게……

 알코올중독 천사는
 증류소 직원들이 모두 잠든 밤
 훔친 술을 담은 유리병을
 흰 날개 밑에 숨긴다
 하늘나라로 돌아가
 하느님 아버지 보시지 못하게

꼬옥 안고 날아다닌다

알코올 남용 천사가
비틀거리며 중심을 잃는다
아스팔트 바닥으로 곤두박질칠 때
술병이 깨지고 파편이 부드러운 겨드랑이에
박힌다 파고든다 침투한다
피가 흐른다
그래, 피가 붉다는 것
고통스럽다는 것

천사의 피가 지상에서
탁한 공기와 섞여
부드러워진다 위스키는 비릿한 피에
희석된다 화사해진다

고통의 첫 맛은 시트러스
끝 맛은 건포도

맥박이 쿵쿵대고
아프다
아프다
두 날개를 마음대로 가누지 못할 때
천사는
몸이 무엇인지 알게 된다
도둑질의 죗값을 알게 된다
그래, 살아 있다는 것
그래 그래,
죽어간다는 것

하느님이 말씀하신다

너는 이제 천사가 아니다

아니다

아니다

……천사에 대한 이야기를 하려던 게 아니다

바텐더는 내 앞으로 칵테일 잔을 내민다 위스키와 리큐어가 섞여 식도를 따라 추락한다 날개 밑이 아니라 위장에 술을 숨기는 중이라고 생각한다 술에 절은 내장은 산산조각 날 것이다 박살 날 것이다 찢어진 혈관과 세포 사이로 알코올은 남은 장기를 파고들 것이다 산소는 허공으로 날아가고 체액은 죄다 희석되어 쿵쿵 뛰는 근육 사이로 온통 알코올이 스며들 것이다

몸은 아플 것이다 몸은 알게 될 것이다

인간의 몫을
인간의 몫을

이건 인간에 관한 이야기다
오로지 인간에 관한 이야기다

Hold'em

수명이 79억 년 남았다는 소식을 듣는 건 시한부를 선고받는 일과 얼마나 다를까?

매일 새로운 턴이 돌아와
실명할 정도로 빛나는 피로가 견디기 힘들었는데

과학자들은 볕이 들지 않는 연구실에서 별의 여생을 계산한다 내일은 내일의 해가 뜬다고 원고지에 적던 소설가들은 거의 태양의 영생을 바라는 것 같았어 매일이 반복된다는 믿음이 어리석다 떠벌리는 철학자들도 내심은……

그러니, 이 게임의 참여자 여러분!
내일도 내일이 온다는 데에 판돈을 전부 거는 편이 현명할 거야

알약을 아주 많이 삼켜도 죽지 못한 사람들이 있잖아 그래서 당신들의 지구가 여전히 멀쩡한 건데

삶이 계속된다는 거, 무섭지 않아?
언젠가 심장이 멈춘다는 사실보다도?

영 퍼센트란 건 없으니까
거대한 진공 속에서도 새로이 태어나는 위성이 있고 갑자기 분열을 멈추는 별도 있겠지만

암, 이 테이블에 초짜는 없는 거 알아
어린 별에 거는 순진함도 돌연사에 베팅하는 객기도 없을 테지

그러니, 능숙한 손놀림으로 카드를 뒤집는

게임의 참여자 여러분!
작열하는 빛에 걸고 보는 것이
이곳,
차가운 우주의 룰인 거 알지?

  새로운 턴을 위한 카드들이 섞이면 별 볼 일 없는 패를 손에 쥐고 어제처럼 버스 줄을 선다 횡단보도에서는 잠시 멈추고 초점 없는 눈을 감고 노련하게 걸어 나간다 별은 희망의 상징이라는 말처럼 닳아빠진 표정으로 내일도 싸구려 샌드위치를 먹고 약에서 깨어 느끼는 몽롱한 절망처럼 지긋지긋하게 가끔 웃고 반사되는 빛을 두 눈으로 똑똑히 흡수하는

  여러분!
나 방금 위세척을 마쳤다

다시 차례대로 카드를 내려놓자

가챠 갸루

그녀는 동전을 넣고 레버를 돌린다
뽑기 기계 안에는 다섯 종류의 포켓몬 인형이 있습니다

그녀가 이브이를 원한다고 생각했어
도쿄의 여름은 미칠 듯이 더웠고 짐작은 언제나 간단하니까

이브이는 불안정한 유전자를 가지고 태어나 모든 타입으로 진화할 수 있는 포켓몬입니다
무한한 가능성과 미래를 가진 어린아이를 모티브로 만들어졌습니다
사막여우를 닮은 이브이, 꼬리가 통통한 이브이
진화하는 이브이

그녀는 동전을 넣고 레버를 돌린다
덜컹, 하며 캡슐이 아래로 떨어진다

무엇이든 될 수 있다는 것은 아무것도 아니라는 뜻인데
방사능의 본질은 어디든지 침투해 들어갈 수 있다는 것

그녀는 슬쩍 훑어보는 것만으로 내가 관광객임을 쉽게 짐작한 것 같았다
그녀의 텅 빈 눈빛이 나의 원자구조를 바꾸고
그런 방식으로만 진화하는
이브이

그녀는 불완전한 인생을 살아왔고 모든 종류의

정신병을 어느 정도 가지고 있는 가출 소녀일지도 모릅니다
 그녀에게 붙일 수 있는 질병 코드는 무궁무진할 거야

 그녀는 이민 간 사촌 언니로도 갱년기를 맞아 식은땀을 흘리는 엄마로도 진화할 수 있다
 가장 미워하던 친구로도 고관절이 부러진 우리 할머니로도
 수업 시간에 눈 화장을 고치다가 학부모의 항의 전화를 받고 잘렸던 기간제 영어 선생님으로도 진화할 수도 있다
 이과두주와 수면제를 믹서기에 갈아 마시고 위세척을 하러 실려 가던 스물두 살의 나로 진화할 수도 있고

저 선생님 진짜 미친년 같지 않아?라고 물으면
응, 니 미래, 하던 여고 동창들의 웃음소리

그녀는 동전을 넣고 레버를 돌린다
나는 그녀가 분명히 무언가를 원한다고 확신했는데

원했어, 무언가를, 분명히
어쨌든 지금이 아니기만 하면 되는 진화 후의 새로운
삶? 그런 걸 500엔으로 살 수는 없었지만

원했어 나는 등굣길에 8톤 트럭에 치여 죽어버리길 바라던 여자애가 가지고 있던 그거 아무리 레

버를 돌려도 나오지 않던 그거 영원히 뽑을 수 없는
그거라고밖에 못 하는 그거
    몬스터볼 안에 구겨 넣고 싶던
    무한히 가능하다는 공포
    괴물 같은 그거

    동전을 넣고 레버를 돌렸다
    뽑기 기계 안에는 미래를 기다리는 이브이들이
있었으니까

    달그락거리며 떨어지는 캡슐 속에 무엇이 있는지
    그녀는 궁금해하지 않았어, 분명히 봤거든
    반투명한 플라스틱 캡슐을 곧바로 주머니 속에
넣는 거

근데 원하긴 원했다고, 무언가를, 그건 확실해

마음 챙김 명상

몸의 긴장을 풉니다
숨을 들이마시고
천천히 내쉽니다
다시 깊게 마시고
천천히 내쉽니다
몸의 감각을 느낍니다

기도를 긁으며 침입하는 탁한 공기를 올라갔다 내려오는 흉곽을 불길한 심박수를 굽은 등허리와 이윽고 갈비뼈를 조여오는 예리한 통증을 둔하게 부풀어 오르는 복부와 늘어지는 내장 지방을 맞닿아 쓸리는 두 개의 허벅지를 칫솔질과 헛구역질을 눈에서 뇌까지 신경이 짓눌리는 감각을

있는 그대로

알아차리세요

들숨과

날숨을

떠오르는 생각을

관찰합니다

 문제없이 반복되는 일상의 잔인함도 틈새를 파고드는 슬픔의 비합리성도 내가 알을 낳지 못하는 병든 짐승이라는 공포도 병이 아니라 게으름이라는 의심도 요가에서 요구하는 미지의 동작을 구현하지 못하는 육체에 대한 혐오와 불가능한 자세를 취해야만 도달할 수 있는 영역에 대한 소외감도 인간에게만 가능한 모든 인간적인 마음으로부터 도망치려는 충동도 결국 나는 이 게임을 망쳐버릴 거라는 예감조차도

알아차립니다
그저 알아차립니다
나의 호흡과
나의 마음을
그저 가만히
바라봅니다

　엄마 없는 펭귄의 마음과 중금속 섞인 비를 맞는 우산의 마음과 모기의 투신을 바라보는 형광등의 마음과 사후피임약을 처방받기 위해 진료를 기다리는 여자의 마음과 인간이 살을 바른 돼지가 몇 마리인지 궁금해하는 아이의 마음과 손전등을 비추면 외이도로 파고드는 집바퀴의 마음과 바다거북의 폐에 박힌 플라스틱 빨대의 마음과 아무도 모르게 야

간도주한 공무원 아저씨의 마음과 일촉즉발 핵폭탄의 마음과 들끓는 화산재의 마음과 마음과 마음과 마음과

  아무런 관련이 없는
  나의 마음을

  알아차립니다
  자연스러운 호흡을
  들숨과
  날숨에
  알아차리세요
  알아차리세요

그분이 존재한다는 열두 번째 증거

인간들이 플랫폼으로 쏟아진다
이목구비가 귀와 눈과 입과 코로 읽힌다
대체로 끈적하고 불쾌하며 모공이 현미경으로 몇천 배 확대된 것처럼 다가와 당장 선로로 뛰어내리고 싶은 순간에

당신이 내 곁에 있음을 압니다
나의 뇌를 만지고 간다는 사실을 압니다

역 화장실 맨 안쪽 칸으로 들어가서 바지를 내리고 멍하니 앉아 바닥을 바라본다 세균이 잔뜩 있을 철제 문고리 생리대 수거함 잘 접히지 않아 피가 보인다 변기에서 샌 물이 고여 있는 타일 바닥 배설물이 묻은 휴지와 쓰레기통 속의 모든 것이

나에 대한 비유라는 사실을 깨달았을 때
　문을 미친 듯이 두드리던 누군가가 억지로 자물쇠를 연다고 해도
　전혀 수치스럽지 않을 거라 생각한 순간
　당신이 계심을 압니다

　나의 뇌 속에서
　일상과 환상을 뒤바꾸고
　이상과 현실을 섞어
　선과 악의 배선을 교차시키는
　당신이 존재합니다
　당신은 증폭됩니다 당신은 증식합니다

　잠든 사이 두피를 가르고 두개골을 열어 뉴런의 배열을 혼선시키는 당신이 계십니다 반복되는 악몽

을 재생을 멈출 수 없는 드라마로 만드십시다 정신이 엉망진창이 되도록 의미를 허무로 의심을 믿음으로 고통과 사랑을 구분할 수 없도록 하십시다 눈치채지도 못할 만큼 정교하게

    그리하여 나는
    가장 고통스러울 때
    가장 각성되며

    발빠짐주의 발빠짐주의

  화장실 거울 밑의 파랗고 동그란 비누로 손을 벅벅 닦자 찢어진 손톱에서 피가 난다 피와 거품이 섞이는 것을 바라보며 느낀다 이것이 바로 당신의 증거라고 당신이 곁에 있었으면 한다 멀리서 나를 관

찰하고 있었으면 한다 나의 시신경을 망가뜨렸으면 뇌를 어루만졌으면 한다

복약지도문

 이번 겨울엔 감기를 오래 앓았고
 늘 들르는 약국의 자동문은 사람이 사람이라는 것을 잘 인식하지 못했다

 밥을 잘 챙겨 먹으라거나 물을 충분히 마시라는 약사의 친절한 안내가 지겹다고 생각할 때쯤

 술 담배를 삼가세요
 밀가루와 단 음식을 피하세요

 약 봉투에 적힌 단정한 명령들이 두려워졌다
 허리를 펴고 앉아 결백을 주장하는 명령문이

 그것이 내가 적은 문장일 경우에는 특히 그랬다
 바꿔 읽어보십시오

무엇을?

대부분의 경우 고통은 고통으로만 죽음은 죽음으로만 읽힌다
멸종을 멸종이라고
멸, 종, 이렇게 또박또박 수십 번 읽어도
뒤늦게 태어난 새의 가족이 모두 사라지는 일을 막기는 힘들다

덮어놓고 낭만적인 병 같은 건 없어서

대부분의 경우 고통은 고통으로만 죽음은 죽음으로만 읽어야 한다
똑바로 읽히지 못한, 수많은 죽음이, 당도한다,

상자를 옮긴다, 현기증이 날 때까지, 따뜻한 욕조에 겨우 도착한다, 갑작스럽게, 영원히 정지한 심장처럼, 철새들이 날아간다, 어린 새가 갈려 나간다, 멈추지 말아야 할 곳에서 멈춘다, 도래한다, 거대한 기계의 엔진이, 부서진다, 집을 허무는, 포클레인과, 방패가 사람을 때린다, 스스로 둥지에서 떨어지는, 지구의 마지막 새

    비유 따위가 아니라
    오로지 그런 방식으로만
    죽음이 죽음이라는 것을 알게 된 사람들이 있고

    날개 뼈를 찢고 나오는 통증처럼, 이리저리 자리를 바꾸는 염증처럼, 나는 밤마다 뒤척이며 항생제를 집어 먹었다

사람이 사람이라는 사실을 아는 것
그런 인식이 중요하다

이제 와서?

이번 겨울에는 오래 앓는 사람이 많았고
나는 몰랐어

 마약성 진통제를 맞고 섬망을 일으키는 이의 곁을 밤새워 지키는 심정 같은 거, 지저귐이 총성으로 들리는 새벽 같은 거, 너 지뢰 밟고 죽었다 귀신 된 거니, 지금 전쟁 다시 난 거지? 대답해봐, 병원 밖에서 비행기랑 폭탄 터지지, 응? 이런 중얼거림에 친절하게 답하며 죽을 먹이고 기저귀를 갈아주는

마음 같은 거

  몰랐다고

  무너지는

  새를
  관찰하는
  명령문의 무심한 표정 같은 거

오로지 방을 위한 방

시인의 말
이 책은 완전히 실패작이며 읽을 가치가 없다

시인의 말
늘 그런 식이지 실패가 아니라고 생각하면서
정말 해야 할 말은 하나도 적지 않았으면서
딱 그 정도로만 솔직한 척을 하는 데에는 도가 텄으니까

시인의 말
하나도 이룬 것이 없는 체크 리스트를 견디고 있어요 첫 페이지를 망친 노트를 끝까지 쓰는 사람이 되고 싶습니다 이상입니다

시인의 말

눈앞의 종이를 모조리 파쇄기에 넣고 싶다 고작 척추 건강을 위해 한 번도 취해본 적 없는 동작을 따라 하고 싶지 않다 팔과 다리를 뻗고 싶지 않다 움직이고 싶지 않다 나는 시가 싫다

시인의 말

나가자
여기서 나가자
방을 내버려두자
이 방이 너만을 위한 방이 되지 않도록
오로지 방을 위한 방이 될 수 있도록
관두자
제발
다 관두자고

PIN
056

겉도는 물음들

유선혜
에세이

겉도는 물음들

인간은 왜 글을 쓸까?

도서관은 학교에서 내 자리처럼 느껴지는 유일한 장소였다. 공식적으로 배정된 자리는 교실에 있었지만 그곳에서는 늘 불청객이 된 기분이 들었다. 이제 막 수염이 나기 시작한 남자아이들은 유치한 농담을 하고는 뭐가 문제냐는 듯이 킥킥댔고, 여자아이들은 무리를 이루어 내가 모르는 이야기를 하며 놀았다. 나는 겉돌았다. 아이들의 무리에 자연스럽게 끼는 방법을 전혀 몰랐다. 비밀이 많고 '우리

편'에 민감한 여자아이들은 특히 어려웠다. 나는 그들을 부러워하는 대신, 싫어하는 편을 택했다. 여자아이들을 무시하는 것은 그들의 관심을 받기 위해 본능적으로 선택한 방법이자, 그들과의 거리를 정당화하기 위한 방어적인 자세였다. 사실은 그 아이들처럼 되고 싶었지만, 당시에는 내가 무엇을 원하는지조차 몰랐다.

아이들도 나를 싫어했다. 당연한 일이었다. 교실에 있으면 모든 아이들이 나를 지켜보는 듯한 느낌이 들었다. 책상에 앉아 문제집을 풀 때는 혼자 공부한다고 유난 떠는 아이가 된 것 같았고, 내가 아이들에게 먼저 다가가면 지는 느낌이 들었으며 실상 그들과 즐겁게 나눌 수 있는 이야깃거리도 없었다. 진심으로 교실이 역겹고 더럽고 답답하다고 생각했다. 책상 사이마다 칸막이가 있어서 누군가가 한 칸에 한 명씩 아이들을 집어넣어줬으면 했다. 그 칸막이 속에서 혼자가 되어 책이나 읽고 싶었다. 이 이야기를 일기에 적어 제출한 날, 담임선생님은 일기장 맨 밑에 빨간 색연필로 코멘트를 달아주었다.
"선혜야, 이건 위험한 생각 같구나……."

도서관의 나무 책장은 견고한 칸막이가 되어주었다. 나를 교실로부터 차단해주었다. 그건 위험한 일이 아니라 안전한 일이었다. 초등학교 건물의 본관에서 다리를 건너면 별관이 나왔고 도서관은 그곳에 있었다. 책장 사이로 들어서면 퀴퀴한 종이 냄새가 확 밀려들었다. 그 냄새는 전혀 다른 장소에 도착했음을 알려주는 것 같았다. 도서부원이었던 나는 점심시간마다 도서관에 갔다. 급식을 먹고 난 뒤 같은 반 아이들과 어색하게 있는 것보다는 먼지와 머리카락이 엉켜 엉망진창인 서가 사이를 청소하는 편이 나았다. 사서 선생님이 점심 식사를 하러 나가면, 교실의 세 배 정도 되는 크기의 도서관에 남은 사람은 나 혼자뿐이었다.

나의 관심사는 단연 교사용 도서였다. 도서관 한편에 마련된 교사용 도서 서가에는 초등학생이 읽기에는 너무 난해하거나 다른 여러 이유로 부적절하다고 판단되는 책들이 꽂혀 있었다. 학생들은 교사용 도서를 대출할 수 없었지만, 나는 도서부원의 특권으로 사서 선생님이 자리를 비운 30분 동안 몰래 그것들을 읽었다. 가장 오래도록 읽었던 책은 『11분』이라는 제목의 장편소설이었다. 그 책은 한마디로 음란했다. 자세한 줄거리는 기억나지 않지만 여주인공은 몸을 파는 일을 했다. 그녀의 성행위는 소설의 곳곳에서 생생하고 집요하게 또 노골적으로 묘사되고 있었다. 충격이었다. 그 소설은 아마도 진정한 사랑과 인간의 내면과 기타 등등에 대해 이야기하고 싶은 것 같았지만 나의 머릿속에는 여주인공이 샤워기로 자위를 하는 장면만이 남았다. 사서 선생님이 돌아오면 황급히 책을 덮고 책장을 정리하는 척했다. 혼자 남게 되면 다시 『11분』을 펼쳤다.

인간은 왜 글을 쓸까?

학교의 모든 사람들과 단절된 채로 도서관 구석에 처박혀 잡다한 이야기에 빠져 있는 시간이 좋았다. 물론 그 시간은 건전하고 바람직한 휴식을 위한 것이 아니었다. 나는 너희와 다르게 교사용 도서를 읽는 아이야. 너네가 모르는 섹스의 비밀을 알고 있어. 너네는 내가 조용하고 재미없는 아이로 보이겠지만 나는 버젓하고 얌전한 책들의 칸막이 뒤에서 이런 일탈을 즐기고 있다고. 나는 유치한 비밀 일기나 돌려 쓰는 여자애들의 우정 따위에는 관심 없어. 내가 속한 세계는 어른의 세계라고. 나는 너네가 어려워서 손도 못 대는 장편소설과 과학책을 읽는 사람이야. 내가 속한 세계는…… 고차원적이고 은밀하고 우아한 활자들의 나라야.

다행스럽게도, 나는 중학생이 되면서 오만하고 건방진 자의식을 숨길 수 있는 최소한의 사회성을 습득했다. 여자아이들의 무리에서 배척당하지 않을 정도의 적당한 눈치를 배웠고 친구들에게 어떤 태도를 취해야 한 해를 무사히 버틸 수 있는지 가늠

하게 되었다. 적당히 웃기고 평범한 학생이 되어 그럭저럭 잘 지냈다. 그러나 여전히 같은 반 아이들이 친구라고 느껴지지는 않았다. 그들은 한 학년 동안 내가 혼자 급식을 먹거나 복도를 서성이지 않도록 도와주는 사람들이었고, 그 고마운 사람들은 어차피 매년 바뀌었으니까.

중학생의 나는 여전히 도서부원이었다. 초등학교 시절과 달리 중학교 도서부원은 반납된 책을 정리하고 신착 도서들에 라벨을 붙이는 업무를 맡았다. 매주 세 번 점심시간과 방과 후에 반납된 도서들을 정리하면서 나는 도서 분류 체계를 전부 외우게 되었다. 100번대는 철학, 300번대는 사회학, 900번대는 역사……. 특히 안정감을 주는 서가는 800번대의 문학 서가였다. 800번대 서가는 아주 길었고 분류도 복잡했다. 아무도 빌려 가지 않는 세계문학전집의 두꺼운 명작을 꺼내 훑어보는 것만으로도 특별한 사람이 된 기분을 느낄 수 있었다. 『롤리타』나 『거미 여인의 키스』같이 다소 수상한 제목의 장편소설들을 열심히 읽던 나는 어느 틈에 잡다한 인문학 이론 서적에 몰두하게 되었다. 한번은 자습 시간에 아주 두꺼운 책을 읽고 있는데, 선생님이 표지를 들춰 보더니 나더러 별걸 다 읽는다고 했다. 나는 그 말이 칭찬처럼 느껴졌다. 비록 그 내용을 거의 이해하지 못하고 있었음에도 불구하고. 애들아. 나는 노는 애도 모범생도 아닌 평범한 학생처럼 보이지만, 사실은 '별걸 다 읽는' 아이란다. 여전히 이런 생각을 하고 있었는지도 모른다.

안타깝게도 나의 도서부 활동은 여기서 끝이 난다. 고등학교 때는 방송부에 지원했기 때문이다. 내가 졸업한 여고의 방송부는 30년이 넘는 전통을 가지고 있었는데, 그래서인지 군기가 셌다. 그건 학교 폭력이라 부르기엔 좀 애매하지만 그렇다고 바람직하다고는 결코 말할 수 없는 온갖 악습이 반복되고 있다는 뜻이었다. 점심시간이면 식판을 들고 급식실을 돌면서 방송부 언니 모두에게 90도로 인사를 한 뒤에야 식사를 할 수 있었고, 점심 방송을 위해 5분 안에 밥을 욱여넣고 방송실로 내려가야 했다. 언니들은 내가 심혈을 기울여 써 간 '문학적인' 대본이 이해가 안 된다고 자꾸만 혼을 냈다.

  나는 다시 겉돌았다. 언니들의 마음에 들지 않는 짓을 많이 저질렀고, 1학년 동기들은 나의 그런 불손함을 이유로 연대책임이라는 명목하에 장문의 사과 문자를 돌려야 했다. 사과 문자는 무조건 300자 이상, 모든 언니에게 각기 다른 내용으로 보내는 게 방송반의 규칙이었다. 만일 복사 붙여넣기를 해서 같은 내용을 보낸 것이 밝혀지면 언니들은 세심한 대조 작업을 거친 뒤에 다시 우리를 혼냈다. 진심으로 방송부를 탈퇴하고 싶었지만, 생활기록부에 그럴듯한 동아리 활동을 남겨야 한다는 생각 때문에 나가지 못했다. 같이 입부한 친구들은 2학년이 되면 자신이 '언니'가 된다는 생각에 들떠 있었다. 나도 내심은 학년이 바뀌면 편해질 거라 생각하며 한 해를 버텼고, 곧 급식실에서 90도로 인사를 받는 언니가 되었다.

그러나 마음 한구석에는 언제나 도서부에 대한 미련이 남아 있었다. 고등학교 도서관에 들러 책을 고르고 시집을 빌릴 때면, 이곳이 나의 장소가 아니라는 사실이 마음에 들지 않았다. 도서부에 들어갔더라면…… 이곳의 장서 분류 번호와 도서 위치를 전부 외울 수 있었을 텐데……. 도서부에 들어갔더라면…… 답답한 방송 부스에서 점심시간마다 한심한 대본을 낭독하는 짓은 하지 않았을 텐데……. 도서부에 들어갔더라면…… 들어갔더라면…….

인간은 왜 글을 쓸까?

오래된 책에서 나는 냄새는 향기라고 말하기는 어렵지만 나름대로 포근한 기분을 준다. 과거를 반추하는 일도 비슷하다. 나는 유년의 불완전한 장면들을 억지로 펼쳐서 순서대로 배열하고 이어 붙인다. 내가 왜 이런 인간이 되었는지에 대한 그럴듯한 서사와 인과관계를 만들어낸다. 그렇게 오래된 기억은 하나의 이야기로 재구성된다. 모든 작업을 마치고 나면, 내 삶이 마치 납득 가능한 이유를 통해 설명되는 것처럼 느껴진다. 그리고 자기 자신을 충분히 이해하고 있다는 오해는 안전하다는 감각을 선사한다. 스스로의 삶을 장악하는 감각. 어린 시절의 내가 도서관 구석에서 느끼던 못된 우월감과 기이한 안정감.

이제 나는 도서관이 무섭다. 학교 안의 작은 도서관과 달리 거대한 규모의 국립도서관은 아무리 돌아다녀도 서가의 위치를 모두 외울 수 없다. 도서를 연체하면 합당한 책임을 지기 위해 돈을 지불해야 한다. 지켜야 하는 수많은 규칙과 자유롭지 않은 출입구. 엄숙한 분위기. 노력하는 사람들. 내가 평생을 쏟아도 읽을 수 없는 방대한 양의 전공 도서들과 외국 서적들. 이제 나는 그곳을 마음대로 주무를 수 없다.

유일한 내 자리라 생각했던 작은 도서관에 어른이 된 나는 들어갈 수 없다. 모든 책이 자기만의 고

유한 번호를 부여받아 가지런하게 정렬된 세계. 조금의 담대함과 약간의 반항심만 있다면 언제든지 침범 가능한 은밀한 영역. 사소한 노력만으로도 구조를 모조리 암기할 수 있고 목록을 장악할 수 있는 공간. 나는 영원히 그 세계 속에 머물고 싶은 것 같다. 활자와 종이와 잉크의 비밀을 모두 알아낸 뒤 이리저리 배열하고 제멋대로 삭제하고 엉망진창으로 덮어씌우고 싶은 것 같기도 하다. 그게 아니라면 손쉽게 키보드를 두드리며 내가 만든 종이 나라의 독재자가 되고 싶은 것일지도. 그러나 도서관 같은 의미심장한 장소에서의 흐릿한 추억을 곱씹는다고 해서 말끔하게 해명되는 사건은 물론 없다. 글쓰기처럼 이상하고 기묘한 행위의 경우에는 더더욱…….

인간은 왜 글을 쓸까?

PIN
056

사랑에 빠지기엔 아직 일러

최다영
작품해설

사랑에 빠지기엔 아직 일러

최다영

> 사랑에 빠지는 일은 뺨을 얻어맞는 일 (······)
> 피해자는 있는데 가해자는 없다
> ―유선혜, 「우리는 못 말려」 부분

1

많은 이성애자 여성들이 파트너와의 성관계 후 '왜 거부하지 못했을까' 하는 후회와 자괴감에 시달린다. 젠더 권력의 불평등 위에서 성립되는 만큼 이성애 교제에서 성적 자율권은 평등하게 확보되지 않으며, 그렇기에 원치 않는 성관계나 피임 거부 등

비대칭적인 성적 자기결정권의 침해가 빈번히 발생한다. 남성이 '사랑'의 '증명'을 요구하며 성적 욕망을 추구할 자유와 권리 행사의 '동등성'을 내세울 때, 실상 젠더의 권력관계와 그로 인한 구속성은 쉽게 가려지는 것이다. 이는 다시 남성의 여성 섹슈얼리티 통제를 암묵적으로 승인하는가 하면 여성이 강압적인 상황을 인지하고서도 대항하기 어렵게 만든다. 결국 여성은 한 명의 독자적인 성적 주체가 아니라 남성의 섹슈얼리티를 실현하기 위한 '소유물' 혹은 '소모품'으로 철저히 대상화된다.

섹스는 끊임없는 협상의 과정을 요하는 상호작용이므로 성적 자율성을 확보할 수 있는 상황이었는지, 상호 대등성과 의사소통에 기반한 협상이었는지 엄밀히 물어져야 하지만 몇 가지 곤경이 뒤따른다. 먼저, 우리 사회에서 성적 보수주의와 성적 자유주의 담론이 성의 이중 규범을 형성하며 여성들에게 억압으로 작용하고 있다. 이는 성적 자기결정권의 딜레마를 발생시키는데, 보수주의에서는 성도덕이 절대적인 규범이므로 개인의 성적 자율성이 보장되지 않으며 자유주의에서는 개인의 성적 자유가 절대화되는 만큼 상호 관계의 규범을 형성하기 어렵기 때문이다. 강제적 섹슈얼리티와 성 긍정주의는 섹스를 필수 불가결한 경험으로 특권화하여 그 행위를 원하지 않는 것이 부자연스럽고 잘못된 일이라는 인식을 재생산한다. 섹스는 좋은 것, 건강하고 즐거운 것으로 거듭 부호화되면서 의무처럼 추구되고, 파트너 관계에서 섹스가 필수적이라는 이성애 규범 아래 젠더화된 섹슈얼리티 내러티브를 충실히 이행하도록 유도한다. 그래서 한때 성해방은 여성해방과 동일시되며 섹스에 동의하지 않을 경우 엄숙주의에 갇힌 미성숙한 개인, 동료 여성 시민들의 '자유'로운 권리를 제한하는 한심한 여성으로 치부되기도 했다.

그러나 일찍이 케이트 밀렛도 지적했듯, 성 해방 담론은 철저히 남성중심적으로 구성되어 있으며 남성의 섹슈얼리티 실천과 그 이익에 복무한다. 자유주의의 입장에서 '거부'의 표시가 '확실'하지 않으면 무언의 동의로 간주하는 것 역시 여성의 성적 자율권에 대한 엄연한 침해이지만 보통 이러한 의사소통 과정은 가볍게 여겨진다. 여러 미디어 또한 섹스를 필수적·이상적인 것으로 재현하고 신체적·정신적 피해를 수반하기 마련인 성적 학대와 여성혐오를 로맨스의 문법으로 낭만화해왔다. 이러한 규범적 환상 주조는 여성의 성을 자원화하여 착취하고 성적 종속을 강화하는 행위이지만 욕망해야 할 페티시로 여성들에게 학습된다. 이렇게 보수주의와 자유주의의 이중 구속에 속박된 이성애자 여성은 성 경험을 둘러싼 정상성 강박 속에서 섹스에 이르러야만 보편성을 획득할 수 있다는 메시지와 자기 검열을 오가며 분열증과 자기혐오를 경험한다.

이처럼 성적 욕망과 개인의 자아정체성은 이미 사회적 관계 속에서 통제된 형태로 존재하므로, 대등한 위치에서의 '동의'를 운운하는 건 온당치 않다. 이성애·유성애 규범성에는 이미 젠더 폭력이 기입되어 있다. 여성의 성적 자율성이 충분히 확보되지 않은 상태에서 남성의 일방적인 성적 욕망 투사는 '합의'라는 명목하에 정당화되곤 하지만, 동등하게 의사 표현을 할 수 있는 지위나 능력, 신체적 조건 등이 갖춰졌는지 반드시 함께 되물어야 한다. 마찬가지로 면식 관계에 의한 가스라이팅 상황에서 분명한 거부 의사를 표하기란 쉽지 않다. 성적 행위를 강요당하고 있음에도 지인이나 교제 관계에서 젠더 기반 폭력이 발생하는 경우인 만큼, 심리적 의존성으로 인해 스스로 문제 상황을 인지하거나 수용하기 어렵다. '동의한 애정 행위'라 합리화하는 가해자의 논리 아래 '사랑' '합의' 등의 자의적 관념이 발동하는 실제적인 효과들은 오롯이 여성에게 전가될 뿐이다. 이러한 젠더화된 섹슈얼리티의 의미 체계는 개별 여성들의 신체에 구체적인 경험으로 체현되면서 다시금 안정적으로 재생산된다.

2

시집의 2부에 배치된 '모텔' 연작은 육체적 관계 속에서 생겨나는 여성의 혼란과 불안정을 조명함으로써 유성애 정상성이 이성애자 여성들과 무성애자 여성들에게 얼마나 폭력적으로 작동하는지 비판한다. '나'는 빛에 홀려 덤벼드는 나방처럼 결국 상처받고 후회할 걸 알면서도 "적극적으로 망가지"기를 자처하는, 정서적으로 취약한 여성이다. '나'는 어느 날 한 남자와 함께 모텔에 들고, 정신을 차려보니 엉망으로 방치되던 폐가 "더는 손쓸 수 없는 지경"이라는 진단을 받았던 때처럼 무언가가 영영 돌이킬 수 없는 지경으로 끝장나버렸다는 걸 깨닫는다.

유선혜 시는 감정을 직접적으로 진술하기보다 화자의 심리를 주변 묘사로 대체하거나 사물에 투영하는 편이므로, 모텔 방충망과 창틀 사이에 수북하게 쌓인, 오래 방치되어 말라 굳은 "죽은 나방"(「모텔과 나방」)들은 '나'의 자기혐오를 표상한다. 「그분이 존재한다는 열두 번째 증거」를 포함해 유선혜 시에서 가장 추하고 더러운 장면은 죄다 '나'에 빗대어지는 것처럼 말이다.

감정이 직접적으로 진술되지 않는다 해서 화자가 아무 감정도 안 느끼거나 시니컬한 태도를 고수하는 건 아니다. 화자를 사로잡고 있는 갖가지 혼란스러운 감정들은 언뜻 무던해 보이는 행간마다 악을 쓰듯 쏟아져 나온다. "사람이 뱉은 숨으로 가득 차 있"는 이 공간은 숨쉬기 어렵게 '나'를 옥죄어 온다. '나'는 후회한다. 본래 "나방의 규칙"은 "빛을 등지"는 것인데 '나'는 왜 "불로 투신"(「모텔과 나방」)하는 일에 뛰어들었을까. 언제나 그래왔듯이 이유는 외로움이다. 당장의 외로움 - 공허 - 구멍을 남들처럼 메워보고자 하는 절박함에 그를 따라 모텔까지 오게 된 것이다. 그러나 '나'는 아무것도 느끼지 못한다. 그저 혐오감과 수치심, 몸이 마구잡이로 침범당하고 오염되었다는 괴로움만 남는다. 씻어버릴 수 없는 모멸감이 역류하는 더러운 변기 물처럼 '나'를 잠식한다.

표면적인 '합의' 내용에 따르면 분명 누구도 '잘못'을 저지르지 않았지만 '나'는 이 부당한 감정의 정체를 도저히 해명할 수 없어 혼란스럽기만 하다. 「모텔과 변기」는 섹스에 동의하기까지 상대 남성의 끈질긴 요구와 '설득'이 있었으며 그 '설득'으로 동원된 것 중 하나가 섹스를 해야만 진정한 여자라는 식의 지난한 가스라이팅이었음을 암시한다. '동의할 때까지 성관계를 계속해서 요구하는 경우'이므로 명목적 동의와 상관없이 대등성이 보장되지 않았기에 당연하게도 성폭행이 성립한다. 그러나 "긴 머리카락은 내가 여자라는 가설을 지지하는 중요한 증거 중 하나"라고 여길 만큼 젠더 수행에 민감하게 신경 쓰는 인물이라서 가스라이팅에 더 취약했는지도 모른다. 섹스 후에 '나'가 뿌듯함이나 성취감, 친밀감이 아니라 돌이킬 수 없이 모욕당한 것만 같은 불쾌감과 절망감을 느끼는 이유이기도 하다.

> 30분 전에 일어났던 그 사람과의 행위에서 만족한 사람은 없었지만 잘못을 저지른 사람도 없었다. (……) 그건 완전히 자유롭고 평등하게 이루어진 관계였어.
>
> ―「모텔과 냉장고」 부분

내가 여자라고 생각해도 될까?
아마도 인간이 되고 싶었던 것 같기는 한데

속고 있다는 느낌을 지울 수 없었다

(……)

확실히 그 사람과의 행위는 문제가 아니었다

이 방에서 일어난 일은 완전한 동의가 전제된 자연스러운 사건이었어. 합의에 이르기까지 그의 설득이 다소 많은 비중을 차지했던 것도 사실이었지만

―「모텔과 변기」 부분

  그의 말대로라면 "완벽히 인간"인 남성과의 섹스를 통해 여자라는 '승인'을 받았기에 "거의 인간"(「모텔과 인간」)이 되어야 하지만, '나'는 기대했던 안정감이나 정상성을 확보했다는 안도감은커녕 "속고 있다는 느낌"(「모텔과 변기」)으로 괴로워한다. 이때 '나'가 행위 자체는 문제가 아니었다고, 분명히 '동의'가 전제되었다고 합리화하며 계속 자기암시를 하는 이유는 강제로 당한 것만 같은 모멸감에서 벗어날 수 없기 때문이다. 그렇기에 "그런데 나는 언제부터 인간이었을까?" 자문하는 일에 집착

하고 "8할 정도 여자"(「모텔과 리모컨」) "어느 정도는 여자" "그 사람이 나를 만지던 순간에는 거의 여자"(「모텔과 인간」)라고 말하며 '여자-됨'의 단계를 구분하려 한다. 오직 그 이유로 원치 않는 행위를 억지로 참고 했는데 그 정당성마저 잃어버리면 더는 버틸 수 없기에. 사실 진정한 인간이니 진정한 여자니 하는 것들은 모두 허상이며 자신은 그저 가스라이팅당한 것뿐임을 이미 알고 있지만 받아들이기를 거부하는 것이다. 방어기제로서의 '부인'이라 할 수 있다. '완전한 자유' '완전한 평등' '완전한 동의' 등을 강박적으로 되뇌면서까지 '그 사람'과의 섹스에 정당성을 부여하고자 애쓰는 '나'의 모습은 되려 그 '자유' '평등' '동의' '합의' 등이 '완전히' 거짓이었다는 걸 반증한다.

흔히 이런 유형의 성 착취에서 피해자가 피해 사실을 인지한다 하더라도 곧바로 수긍하고 인정할 수 없는 곤혹이 여기 있다. 어떻게든 그 불쾌한 섹스가 자신에게 일말의 의미라도 남겨야만 하기 때문이다. 그렇지 않으면 그 섹스를 '승인'한 장본인, 도저히 용서 못 할 자기 자신과 내내 살아가야 하는 끔찍함을 결코 견딜 수 없다. 그리하여 엄연히 피해자임에도 죄책감을 느끼며 가해 남성을 변호하는 입장이 되고, 그것이 '나'에게 제일 괴로운 일이 된다. 벽이며 형광등에 미친 듯이 부딪혀 타닥대는 나방의 모습은 괴롭고 혼란스러운 '나'의 심정을 드러낸다.

성애 사회의 강압에 의해 섹스를 하게 된 '나'의 처지는 "백열등을 사랑한 적 없는" 나방이 불에 던져지듯이 "자살이 아니라 타살"(「모텔과 나방」)에 가깝다. 주입된 환상, 상상적 소속감을 따라 도달한 자리에는 더 큰 공허만 남았을 뿐이다. 어쩌면 이는 모텔에 들어설 때부터 예견된 불안이었다. "성행위에 필요한 모든 것이 있었고 그 외에는 아무것도 없"(「모텔과 인간」)이 목적과 기능에 충실한 모텔방은 입구에서부터 '나'에게 압박감을 주는 공간으로 그려진다. 이 압박감은 "덮으면 거대하고 검은 나방이 온몸을 누르는 것"(「모텔과 거울」) 같은 이불의 무게감으로 이어지며, 담뱃재에 화상을 입고 날개를 떠는 나방의 모습은 화자의 초조하고 두려운 심경을 대리한다. '유감스럽게도' 섹스에 만족하지 못한 건 '그 사람'도 마찬가지라 둘 사이에는 불편한 기류가 흐른다.

그러나 명백히 물질적인 것으로서 신체의 직접적인 맞닿음은 "흔적을 남"길 수밖에 없다. 이 불쾌한 경험은 몸에 새겨질 뿐만 아니라, 감각기관의 구석구석을 통해 공간의 풍경, 냄새, 촉감 등으로 기억에 각인된다. '나'는 사실 자신이 섹스를 "원한 적이 없"었음을 반복해서 상기하며 "담배 냄새, 중독, 청춘, 금전적 이익, 가족, 생명, 현기증, 환희, 목을 조른 자국, 영원한 꿈, 미래, 인유두종바이러스"(「모텔과 나방」) 등을 두서없이 떠올린다. 이성애자 여성들이라면 섹스 후에 적어도 한 번쯤은 떠올려봤을 법한 것들의 목록이다. 섹스는 풋풋한 청춘의 이미지로 미화되어 가임기 남녀로 하여금 선망하도록 구조화되어 있지만, 막상 경험해보니 아름답지도 설레지도 않으며 이런 식으로 청춘을 낭비하고 소모해버렸다는 허무함만 남는다. 그 와중에 '그나마' 모텔비는 남자가 냈으니 다행인 건가

하는 생각과 임신했을지도 모른다는 공포, 가학의 흔적으로 남은 아픔과 성병 걱정까지. 섹스 후 '나'가 느끼는 절망감은 불을 켜고 나체를 "명확히 식별할 수 있"게 되었을 때 더욱 심화된다. 그의 신체 부위 하나하나, 체액, "아주 구체적인 몸짓" 등이 선명히 눈에 들어오고, 이것이 나방의 가루처럼 혐오스럽게 느껴진다. 불편하거나 힘든 순간마다 방어기제처럼 자연히 터져 나오는 기침은 "방을 가득 채운 냄새"(「모텔과 인간」)만큼이나 질식할 듯 거세어진다.

'나'는 '그 사람'에 대한 혐오감, 그의 존재 자체를 참을 수 없다. 「모텔과 리모컨」에서 그를 표본으로 만들 수 없고 만들어서는 안 된다는 생각을 하는 이유도 그에게 수동 공격의 충동을 느끼기 때문이다. "그가 나에게 주는 인상"은 "정액과 소변과 휴지 조각이 섞여 희뿌연 색을 띠는" 변기 물과 같으며, 욕조 안에 그 사람—말이 워낙 많아서 "입을 다물지 않는 그의 / 목소리"부터 치아 수염 목울대 그리고 "그가 자랑스럽게 내보이던" 성기—이 함께 있는 걸

떠올리기만 해도 "견딜 수"(「모텔과 변기」) 없는 적개심이 차오른다. 그렇게 수다스러움에도 위트라곤 없어 그가 농담이랍시고 했던 말들은 모두 최악이다. 차라리 "내 옆에 누워 있던 것이 커다란 날개를 떠는 벌레였다면" 이 불쾌한 섹스를 무효화할 수 있기에 "안아줄 수 있었을"(「모텔과 리모컨」) 것이다. 혹은 그가 이성으로서의 매력이 조금이라도 있었다면 "그의 몸짓과 담배 연기를 견디며 / 다정하게 그 사람을 안아줄 수"도 있지 않았을까. 그랬다면 그것만은 '나'의 진심에서 나온 친밀감의 표현이므로 자율성이 훼손되지 않은 영역이 조금이나마 남아 있다고 위안할 수 있기 때문이다. 그러나 그는 "나의 부유방 정도"(「모텔과 거울」)의 재미도 없으며 이성으로서의 매력이란 눈을 씻고 봐도 없는 인물이라 '나'의 괴로움은 깊어진다.

"속았다고 생각해도 될까? / 내게 그럴 자격이 있을까?"(「모텔과 변기」) 반복해서 되묻는 '나'의 모습은 이런 상황에서 으레 자신을 가장 혹독하게 몰아붙일 수밖에 없는 여성들의 자기검열을 사실적으로 반영한다. 반강제적 성관계 후에 제 감정의 정당성조차 스스로 인정해주지 못하는 건 성차별적 사회구조에 의해 학습된 무력감에서 기인하는 것임에도 자기검열의 부담은 여성의 몫으로만 주어진다.

반면 '그 사람'은 언제나 태연하고 자신만만하다. 머리를 말리는 '나'의 옆에서 그는 영화의 한 장면을 모방하겠답시고 전신 거울을 보며 자위하기 위해 애쓴다. "행위에 열중하는 자신", "배우같이 몸을 흔드는 자신의 모습을 관찰하고자 하는"(「모텔과 거울」) 나르시시스틱한 열망이 그의 자신감의 원천에서부터 뿜어져 나온다. '나'의 기분은 아랑곳하지 않고 천진난만하게 드라마를 보자고 말하는가 하면, 햄버거와 감자튀김을 먹으며 쉴 새 없이 떠들어댄다. 전형적인 '무지해도 되는' 위치의 남성이다. '나'는 그의 존재감이 내게서 옅어져 "흐릿한 인상 혹은 전형적인 몸짓으로 남기를 바"라지만 그럴수록 줌을 당기기라도 한 듯 그의 외모의 세부가 더욱 선명하게 낱낱이 들여다보일 뿐이다. 다리에 모기가 물린 채로 상사와 후배를 험담하는 모습, 묻지도 않은 인생 영화나 정치적 의견…… 모처럼 제 얘기를 쏟아낼 대상이 생겨 신난 건지 유년과 내면, "그를 완벽한 인간으로 만들어주는 / 지나치게 인간적인 것들"에 대해서까지 말하는데, 이때만은 도저히 그에 향한 역겨움을 참기 어렵다고 느낀다. 그 '인간적인 것', 정상성 규범이 바로 '나'를 침범하고 더럽혔으므로.

그에게서 고개를 돌린 '나'는 그가 나갈 때까지 "인권과 자유와 양심과 사랑을 방치하는 마음으로"(「모텔과 인간」) 누워 있는데, 이는 '나'의 소중한 감정이나 가치 들이 함부로 망가지고 부서졌음을 시사한다. 침대 시트의 출처 모를 "갈색 얼룩"처럼 역겹고 불쾌한 감정이 언제까지나 남을 것임이 암시된다. 거울에 비친 나의 나체는 자괴감을 유발하다 못해 "죽고 싶은 기분"에 사로잡히게 한다. 거울 앞에서 그와 '나'가 보이는 반응은 너무나도 상반된다. 다급히 속옷을 찾아 입고 엉거주춤 거울 앞에 선 "성기를 가린 나"(「모텔과 거울」)를 마주한 '나'의 기분은 수치심에 엉망으로 얼룩진다.

'나'는 결국 "그래, 나쁜 사람은 없었"다고 결론 내린다. 문득 바닥의 검은 얼룩을 발견하고는 방의 내력을 상상해보기도 한다. "방 안에서 번개탄을 피우고 자살한 아저씨"의 시신에서부터 흘러나온 "어두운 얼룩이 오래도록 검게 썩어들어"갔을 방, 이후 청소 직원을 불러 대충 곰팡이를 닦아내고 대실 영업을 시작했을 방, "누군가의 아이"가 잉태된 방. "그 아이가 진정하고도 고결한 사랑의 결실이었기를 빌어"보는 건, 강압에 의한 성관계가 아니었다고 합리화하는 심정과 정확히 같은 모양의 간절함이다. "가방 속에 넣은 두 병의 생수"는 아무리 지우고 잊고 싶어도 끈질기게 따라오는 무거운 감정의 잔여물인 동시에 "꼭 내가 낳은 아이 같"(「모텔과 냉장고」)이 느껴지면서 「나방인간」으로 이어지는 복선을 연다.

「나방인간」에서 "나와 나방의 이종교배"를 통해 "나방인간"들이 끝도 없이 태어난다. 이는 강제로 성 착취를 당한 뒤 몸이 오염되었다고 느끼는 자기혐오가 그 행위로 생겼을지 모를 아이에 대한 공포와 착종되면서 빚어낸 극도의 두려움을 시각적으로 형상화한 것이라 할 수 있다. "입에 락스를 붓는 심정으로" 나방을 죽이고 또 죽이는 '나'는 혐오스러움이 끝없이 치밀고 올라오는 자신의 몸을 차라리 죽여서 깨끗이 살균해버리고 싶다. 낡은 모텔 방처럼 더러운 몸에서 얼룩과 곰팡이가 몸을 찢고 나오는 듯 느껴질 때마다 '나'는 일기를 써 내려가는 것으로 모멸감을 견딘다. 선별된 청결함 위에 가지런히 놓일 수 있는 교활하고 천진난만한 '너'는 "시린 사타구니와 감각이 없는 허벅지와 저릿한 발목"은 영영 모른 채 그저 나방인간의 아름다움에 심취할 뿐이다.

이렇듯 유선혜의 모텔 연작은 원치 않는 섹스 후 여성이 경험하기 마련인 불쾌감과 불안, 심리적 혼란을 형상화한 연작시로, 페미니즘 관점에서의 독해를 필수로 요한다. 상대적으로 취약한 위치에 있는 여성에게 섹스를 강제하는 정황과 그러한 성관계에 뒤따르는 자기모멸감, 성적 자기결정권이 침해당했다고 느끼면서도 그 누구에게 이의를 제기

할 수 없는 곤혹이 일관된 서사로 그려지기 때문이다. 그렇기에 모텔 연작은 그루밍 성범죄와 비대칭적으로 구성된 섹슈얼리티 규범성을 비판하는 시로 읽을 필요가 있다. 나아가 우리는 '동의'한 성폭력 피해자는 어떻게 말할 수 있는지, 성폭력 피해자의 '동의'는 어떻게 이용되는지 등 이 연작이 던지는 질문에 응답을 이어가야 할 것이다. 물론 시는 하나의 해석으로 읽혀서는 안 되지만, 이 가장 중요한 주제를 간과한다면 완전히 반대의 의도로 읽을 위험이 존재한다.

3

　외로움에 취약한 '우울한 암컷'(「바란 적 없는 행운」) 인물들을 주로 그리고 있는 이 시집은 어린 여성들이 여러 사회적 관계 속에서 경험하는 곤경들에 주목한다. 따라서 이 시집에서 모텔만큼이나 중요한 공간적 배경은 학교다. 모텔에서 성적 자율권의 침해가 중요하게 다뤄졌다면, 학교에서 아이 화자들이 겪는 건 반 아이들의 은근한 따돌림이다. '나'는 피구를 할 때마다 우선순위의 표적이 되어 "가장 먼저 탈락하"고, "운동장 멀리까지 굴러간 공을 주워 오는 역할"을 도맡는다. "공을 피할 의지가 없"(「괴도와 신사」)을 정도로 이러한 괴롭힘이 오래 반복되어왔음을 알 수 있다. 자는 척을 하던 어느 날은 정말 잠이 들었는데 "생일을 축하하는 폭죽 소리" 같은 굉음이 들려와 기대에 차 눈을 뜬다. 그런데 그건 분필 부러지는 소리였고, '나'를 조롱하고 있었던 듯 급히 칠판 낙서를 지우는 아이들의 모습을 보며 "순수한 악의"가 차오른다.

'나'는 자기연민에 빠지지도, 무력하게 당하고만 있지도 않는다. 유선혜의 인물들은 자주 무언가를 훔쳐 끝내 복수하고야 마는데, 가령 「Toxic」의 '나'는 "동족을 알아보는 능력"(「Toxic」)으로 독버섯을 채취한 뒤 급식에 넣는다. 아군과 적으로 무리를 구분하는 습성은 반 아이들이나 들개 같은 것으로 그려졌다가 '나'의 생존 논리로 내면화된다. '나'는 배를 잡고 쓰러진 아이들 소식을 들으며 기쁨을 느낀다. '아군'이 아닌 이에게 무차별적으로 가해지는 적의는 자신의 안위를 지키고 대비하기 위한 최선이다. "나를 사랑하지 않는 인간에게 / (……) / 꺼지면 차오르지 않는 속수무책을 고개 숙인 무기력을 수치심을 이유 모를 패배감을 선사하고 싶"(「여러해살이 식물」)은 것도 마찬가지다.

그런가 하면 「부적응기」에서 '나'는 아이들의 교환 일기장을 찢어 변기에 버린다. 그런데 이 과정에서 예상치 못한 타격이 발생한다. 분명 비밀 일기에 '나'의 욕이 있을 거라 예상했는데 언급조차 안 될 만큼 '나'는 존재감이 없었던 것이다. 언제나처럼 자기연민 하지 않는 '나'는 일리가 있다고 생각하지만 어쩔 도리 없이 상처가 남는다. 이러한 과거의 '나'를 돌아보며 "영원히 내 삶의 언저리를 빙빙 돌며 역류한다 / (……) 나는 아직도 물이 내려가는 소리를 듣는다"고 말하는 외부 화자인 현재의 '나'는 어릴 때의 기억에서 여전히 상처받고 있음을 알 수 있다.

과거의 상처는 그렇게 반복적으로 돌아오고 누적되며 현재의 삶을 실감하지 못하게 만드는 것일까. 유선혜 시에서 자기 몸을 고장난 것처럼 느끼거나 몸의 실체를 좀체 실감하지 못하는 인물들이 그려지는 것 또한 주목을 요한다. 「인간의 몫」에서 천사는 깊게 찔리고 베여 상처입은 뒤에야 선연한 아픔으로 인해 "몸이 무엇인지 알게 된다". 이는 곧 "살아 있다는 것"과 "죽어간다는 것"을 동시에 감각할 수 있게 되는 것이다. 때로 이러한 양상은 전도되어 몸의 실감, 즉 살아 있다는 실감을 획득하기 위한 방법으로 일부러 자해하거나 자기파괴적 행위도 마다하지 않는 모습으로 나타나기도 한다. 이는 유선혜 인물들의 마조히스트적 독특성을 대표하는 두 유형 중 하나이다.

그리하여 첫 번째 시집과 마찬가지로 이번 시집에서도 일상을 방치하고 생활을 잘 돌보지 못하는 무기력한 인물들, 떠나지 않고 곁에 있으면서 외로움을 달래준다는 이유만으로 자신을 학대하고 썩어가게 만드는 것들에게도 사랑을 퍼붓는 인물들이 종종 그려진다. 「폭로 이후」에서도, 그간의 행보를 볼 때 분명 귀책사유가 있었을 것으로 추정되는 전애인에게 과도하게 매달린다. 이들은 "네가 저지른 삶은 네가 치워야지"(「나방인간」)라고 말하는 자기 안의 목소리를 도무지 감당할 수 없다.

  이러한 기약 없는 방임 속 자기학대는 자신의 몸을 돌이킬 수 없게 오염된 것으로 치부하는 데서 연유하는 것이기도 하다. 이 시집에서 자주 발견되는, 방을 비워내야 한다는 강박 또한 오염된 신체 인식에서 기인한다. 방치하다가 완전히 망가져버리고 싶은 동시에, 몸-방에서 모든 쓰레기와 오물 들을 빼내어 청결한 방으로 복구되고자 하는, 즉 트라우마 이전으로 도피하고 싶은 "리셋"에의 결벽증적 욕망이 함께 작용하고 있기 때문이다. 그렇기에 이러한 초기화에 대한 바람이 동시대 시에서 자주 그려진다 한들, 유선혜 작품의 경우 반대되는 충동이 함께 나타난다는 점에 주목해야 한다. "끝없이 스타팅 라인으로 되돌아가는 / 전지전능한 편법"(「준법 소년」)이 '나'에게 구원으로 상정되는 이유는, '화상을 입은 나비 괴물'과 같이 무언가가 영원히 이어지고 있다는 공포스러운 감각을 초기화하기 위해서다. 무엇보다 이는 훼손되고 침해당한 몸의 경험과 맞닿아 있다.

  이렇듯 유선혜의 시는 성차별적인 유성애 정상성 아래 억압받는 이들에 주목하면서 성역처럼 굳건한, 친밀함의 방증으로 의심 없이 믿어져왔던 여러 이성애 섹슈얼리티 규범에 의문을 제기한다. 이 시인의 시선은 연애 정상성의 표지가 아니라 한 특수한 개인이 생생히 경험하는 '무서움'을, 스킨십을 원하지 않지만 거부 의사를 표출하지 못하거나 연애 관계에서 반강제적 섹스를 하게 되는 어린 여성들의 곤경을 먼저 포착한다. 그간 유성애 규범성 재현이 주로 친밀감, 쾌락, 커뮤니케이션 등 성 긍정 담론에 기반해 다뤄졌다면, 그러한 규범성의 당위가 한편에서는 무엇을 착취하거나 가리고 있는지 말하는 목소리가 중요하지 않을 수 없다. 이러한 시적 작업이 지금 우리 시에 너무나 필요하다.

모텔과 나방

지은이 유선혜
펴낸이 김영정

초판 1쇄 펴낸날 2025년 11월 25일

펴낸곳 (주)**현대문학**
등록번호 제1-452호
주소 06532 서울시 서초구 신반포로 321(잠원동, 미래엔)
전화 02-2017-0280
팩스 02-516-5433
홈페이지 www.hdmh.co.kr

ⓒ 2025, 유선혜

ISBN 979-11-6790-333-4 (04810)
ISBN 979-11-6790-284-9 (세트)

* 책값은 뒤표지에 있습니다.

현대문학 핀 시리즈 시인선

001	박상순	밤이, 밤이, 밤이
002	이장욱	동물입니다 무엇일까요
003	이기성	사라진 재의 아이
004	김경후	어느 새벽, 나는 리어왕이었지
005	유계영	이제는 순수를 말할 수 있을 것 같다
006	양안다	작은 미래의 책
007	김행숙	1914년
008	오 은	왼손은 마음이 아파
009	임승유	그 밖의 어떤 것
010	이 원	나는 나의 다정한 얼룩말
011	강성은	별일 없습니다 이따금 눈이 내리고요
012	김기택	울음소리만 놔두고 개는 어디로 갔나
013	이제니	있지도 않은 문장은 아름답고
014	황유원	이 왕관이 나는 마음에 드네
015	안희연	밤이라고 부르는 것들 속에는
016	김상혁	슬픔 비슷한 것은 눈물이 되지 않는 시간
017	백은선	아무도 기억하지 못하는 장면들로 만들어진 필름
018	신용목	나의 끝 거창
019	황인숙	아무 날이나 저녁때
020	박정대	불란서 고아의 지도
021	김이듬	마르지 않은 티셔츠를 입고
022	박연준	밤, 비, 뱀
023	문보영	배틀그라운드
024	정다연	내가 내 심장을 느끼게 될지도 모르니까
025	김언희	GG
026	이영광	깨끗하게 더러워지지 않는다
027	신영배	물모자를 선물할게요
028	서윤후	소소소小小小
029	임솔아	겟패킹
030	안미옥	힌트 없음
031	황성희	가차 없는 나의 축법소녀
032	정우신	홍콩 정원
033	김 현	낮의 해변에서 혼자
034	배수연	쥐와 굴
035	이소호	불온하고 불완전한 편지
036	박소란	있다